A ESTÓRIA DE SEVERINO E
A HISTÓRIA DA SEVERINA

ANTONIO DA COSTA CIAMPA

*A ESTÓRIA DE SEVERINO E
A HISTÓRIA DA SEVERINA*

editora brasiliense

Copyright © by Antonio da Costa Ciampa, 1986.

Nenhuma parte desta publicação pode ser gravada, armazenada em sistemas eletrônicos, fotocopiada, reproduzida por meios mecânicos ou outros quaisquer sem autorização prévia da editora.

Primeira edição, 1987
12ª reimpressão, 2018

Diretora Editorial: *Maria Teresa B. de Lima*
Revisão: *Ricardo Miyake*
Coordenação de Produção: *Laidi Alberti*
Capa e diagramação: *Iago Sartini*

Dados Internacionais de Catalogação na Publicação (CIP)
(Câmara Brasileira do Livro, SP, Brasil)

Ciampa, Antonio da Costa
    A estória do Severino e a história da Severina
Antonio da Costa Ciampa. – São Paulo : Brasiliense, 2005.

    10ª reimpr. da 1ª ed. de 1987
    ISBN 978-85-11-1502-85

    1. Identidade (Psicologia) 2. Psicologia Social
I. Título.

05-4851   CDD-155.2

Índices para catálogo sistemático:
1. Identidade : Psicologia 155.2

Editora Brasiliense
Rua Antonio de Barros, 1586 – Tatuapé
CEP 03401-001 – São Paulo – SP
www.editorabrasiliense.com.br

Índice

Prefácio — Silvia T. M. Lane 9
Prólogo 13

Livro I – SEVERINO

Capítulo 1
Onde se ouve a personagem do poema tentando
dizer quem é 19

Capítulo 2
No qual se observa a mesma personagem não mais
tentando dizer quem é, mas atuando para encontrar
vida e, nesta empreitada, chegando a se identificar
como moribundo 25

Capítulo 3
Que discute, no final, a possibilidade de ter a mesma
personagem encontrado condições para se identificar
como ser humano, por causa de um grupo que festeja
um nascimento 32

Livro II – SEVERINA

Capítulo 1
No qual inicia seu relato autobiográfico uma personagem real (chamada aqui Severina, apesar de seu nome verdadeiro ser outro), nascida numa palhoça no sertão baiano, onde viveu até os 11 anos, quando se mudou para a antiga rua dos Ossos, em Salvador 45

Capítulo 2
Que relata o início da peregrinação de Severina, incluindo o voo no gavião-de-prata, e que também conta como ela, sendo jogada de um lado para o outro, vai se transformando na vingadora que busca poder 47

Capítulo 3
Onde continua o relato da peregrinação de Severina, que tenta fugir de Exu, e nessa tentativa encontra um noivo com quem se casa 54

Capítulo 4
Em que é interrompida a narrativa da peregrinação de Severina para uma reflexão, depois do que voltamos à história na época do seu noivado 59

Capítulo 5
Da loucura (1ª parte) 67

Capítulo 6
Da loucura (2ª parte) 72

Capítulo 7
Que conta como Severina tenta sair do zero: um outro *outro* 79

Capítulo 8
Onde se vê um moleque podendo ser moleque e por isso
deixando de ser moleque 86

Capítulo 9
Em que inesperadamente surge uma manicure na vida
de Severina 93

Capítulo 10
Em que Severina encontra uma desconhecida através de
quem conhece uma organização budista 97

Capítulo 11
Que conta como Severina põe a organização budista à
prova para decidir se vale a pena ingressar na mesma 103

Capítulo 12
Que discute a possibilidade de ter Severina encontrado
condições para se identificar como ser humano, por causa
de um grupo onde é *Hã-tã*, depois de ter sido *Komi-tã* 114

Capítulo 13
Onde Severina fornece evidências que ela não é mais ela,
mas outra pessoa que é ela mesma 113

Capítulo 14
Em que a história não termina e poderia ser um capítulo
chamado "A morte e a vida de Severina" 118

Livro III IDENTIDADE

Introdução
Onde o autor se dirige pessoalmente ao leitor para lembrar
algo dito no "Prefácio" e para pedir desculpas pelo que
se verá 125

Capítulo 1
Que fala de identidade como traço estático do ser, ao
mesmo tempo que propõe a forma *Personagem* como
expressão empírica da identidade 129

Capítulo 2
Que mostra a forma *Personagem* sucessivamente como
três objetos diferentes, e continua a falar sobre identidade,
agora como algo contraditório: igual e diferente; essência
e aparência 136

Capítulo 3
Que continua a falar de identidade, agora como
metamorfose 141

Capítulo 4
Que abre um longo parêntesis para esclarecer algumas
questões que são apresentadas 147

Capítulo 5
Que, para encaminhar a discussão da não metamorfose,
fala de personagens, autores e atores 152

Capítulo 6
Onde se afirma que a aparência de não transformação
resulta do trabalho da re-posição 160

Capítulo 7
No qual se afirma que cada um é representante de si mesmo,
o que traz consequências para o representado 169

Capítulo 8
Que mostra o tríplice sentido da atividade *representar* 174

Capítulo 9
Que acrescenta esclarecimentos para prevenir algumas
armadilhas 183

Capítulo 10
Onde é considerada a categoria *Consciência* (invertida
como inconsciente) 189

Capítulo 11
Onde a identidade aparece como concreto e como
possibilidade 197

Capítulo 12
Que põe como questão a *identidade humana* 202

Capítulo 13
No qual se buscam elementos no desenvolvimento do
indivíduo para entender o interesse da razão 211

Capítulo 14
No qual se buscam elementos no desenvolvimento da
sociedade para entender o interesse da razão 220

Capítulo 15
Em que se fala que um movimento pode ser progressivo
e regressivo, depois do que se busca outro mundo 226

Capítulo 16
Em que a expressão *morte-e-vida* é substituída por outra
mais completa e se encerra este trabalho 236

RESUMO
Identidade — Um estudo de psicologia social sobre a
estória de Severino e a história de Severina 243
Bibliografia citada 245

Prefácio

Há já alguns anos no setor de pós-graduação da PUC-SP se formou um núcleo interdisciplinar para estudar a questão da identidade social. Seminários, debates e publicações vêm sendo produzidos sistematicamente.
Por outro lado, o próprio programa de psicologia social vem caminhando para a superação das contradições existentes no positivismo, desenvolvendo em torno de alguns tópicos uma metodologia de pesquisa em bases materialistas históricas, concebendo o homem como um ser produzido historicamente e, portanto, essencialmente social.
É nesse contexto que Ciampa desenvolve, discute e produz o que ora vem a público, porém o trabalho tem uma gênese anterior ao núcleo. As suas sementes estão na sua dissertação de mestrado, quando, por meio de uma pesquisa positivista, o autor faz questionamentos profundos que o levaram a repensar tanto a metodologia científica como a própria psicologia social, procurando, no trabalho interdisciplinar que o núcleo propiciava, precisar a questão da identidade, como fundamental para a psicologia social.

Foi enfrentando esses desafios que o autor realiza esta pesquisa sobre identidade-processo-metamorfose. A preocupação com a generalização (o projeto previa vários casos a serem estudados) cede lugar ao aprofundamento de um caso — afinal, na singularidade está também a totalidade. A preocupação com a objetividade do empírico abre espaço para a subjetividade como processo histórico. Chega-se assim à identidade como metamorfose desvendando a ideologia da não transformação do ser humano como condição para a não transformação da sociedade.

Nesse sentido, a identidade passa a ser também uma questão política, pois ela está imbricada tanto na atividade produtiva de cada indivíduo quanto nas condições sociais e institucionais onde essa atividade ocorre. É política porque a partir da análise aqui feita somos levados a questionar que espaços, que possibilidades nós nos permitimos — a nós e aos outros — de, sendo nós mesmos, nos transformarmos, nos recriarmos.

Este estudo nos leva ainda a outras reflexões: a identidade analisada enquanto um processo dialético nos permitirá um conhecimento mais concreto da personalidade, tema sempre trabalhado teórica e abstratamente, gerando teorias muitas vezes contraditórias. Essa questão se coloca, principalmente pelo fato de a identidade se processar na interação social, implicando, necessariamente, atividade e consciência. Por outro lado, várias pesquisas psicossociais que não trabalham especificamente com identidade, no seu processo de análise, fazem emergir a questão da identidade como algo presente e fundamental para a compreensão do indivíduo e como tal assumindo o caráter de uma categoria ontológica, tal como na concepção materialista histórica tem sido apresentada a Personalidade. E uma questão que pesquisas futuras deverão responder.

Uma palavra final sobre o autor, ou melhor, sobre a coragem e a criatividade de Ciampa.

Coragem de quebrar o modelo tradicional, repleto de demonstrações de erudição ("vejam o quanto eu já li!"), priorizando o verdadeiro saber que vem da análise da realidade. Coragem de subordinar a teoria ao real, de fazê-la emergir da ação de pesquisar, sem desconhecer o saber já elaborado. Sua obra é um belo exemplo do que vem a ser a práxis como ciência.

Criativo quando permite que a emoção participe ativamente na comunicação do seu saber científico, fazendo do seu texto uma obra literária, sem com isto perder em rigor científico, demonstrando que a ciência pode ser bela e produto de um ato de amor como o próprio autor o afirma.

Silvia T. M. Lane

Prólogo

Eis-nos frente à difícil tarefa de apresentar algo que ainda não foi lido. Não se iluda, leitor. Antes de ler todo o trabalho ele não poderá ser conhecido. É uma tese de doutoramento, embora às vezes não pareça assim. É uma tese de psicologia social, embora possa parecer diferentemente. Tem como título "Identidade", mas trata de vários outros assuntos. Formalmente, é fácil descrevê-la.

Na primeira parte, Livro I, é apresentada uma personagem chamada Severino, personagem ficcional, saída do excelente poema de João Cabral de Melo Neto, "Morte e vida Severina". Escolhi-o porquê, além das qualidades intrínsecas do poema (e de suas personagens), trata-se de um velho amor meu. Apaixonei-me por ele ainda universitário, convivendo com ótimas pessoas no Tuca, o teatro universitário da Universidade Católica de São Paulo (PUC-SP), quando vi ser feito um espetáculo que marcou época e que, inclusive, foi prêmio mundial em Nancy, na

França. Sou um "tucano" da velha guarda e muito me orgulho disso. Continuo "tucano" ainda, virou hábito...

Na segunda parte, Livro II, é apresentada outra personagem, chamada Severina, personagem de carne-e-osso, saída de um drama da vida real. Escolhi-a também pelas qualidades intrínsecas, se posso assim dizer, que possui como pessoa. De certa forma, também é uma paixão antiga. Não pensem os maliciosos que é amor de homem e mulher; é amor de ser humano por outro ser humano, sem sexo. Não pensem, contudo, que, por ser uma história sem sexo, seja uma história insípida. Pelo contrário. Na minha opinião, poucas pessoas tiveram a vida que a Severina teve, o que faz sua história uma história atraente e agradável de ser ouvida. Aprendi muito com ela. Mais do que ela pensa. Espero que alguma coisa o leitor também aprenda com ela. Se não for instrutivo, pelo menos será agradável.

Na terceira parte, Livro III, procuro trabalhar teoricamente com um objeto abstrato: identidade. Não é uma personagem nem ficcional, nem real, mas também é outra paixão minha. Há anos venho me preocupando com esse tema. Entendo que, não só para a psicologia social, que é minha área de especialização, mas para uma série de outras — quase todas as ciências humanas e para a filosofia, assim como para a arte, negócios, religião etc. — a identidade se constitui num tema apaixonante, desafiante e pertinente. Onde houver gente, haverá questão de identidade. Fica um desafio: leia este trabalho e veja se exagero, quanto a essa abrangência.

Enfim, três paixões. De certa forma, então, esta tese é antes de mais nada um ato de amor. Amor pelo conhecimento, mas também amor pelas pessoas. Gostaria que sua leitura, tanto quanto sua feitura, tivesse esse caráter. Não peço atenção para mim, mas para o texto. Uma obra sem leitura é uma espera; ainda não existe. Também não peço indulgência. Peço, isto sim, uma cuidadosa crítica. Só assim poderei corrigir os erros e imperfeições que certamente o texto contém.

Esta tese dependeu muito de outros amores. Minha mulher, Liliane, por exemplo. Tolerar um doutorando em certos momentos só mesmo com muito amor. É uma personagem pouco compatível com um marido atencioso. Espero que o doutor seja mais agradável que seu antecessor. Digo tudo isso a meu filho, Fernão, também. O que acontece com o marido acontece com o pai.

Minha orientadora, Silvia T. M. Lane, minha querida e admirada Silvia, a quem devoto não só respeito intelectual. É antes de tudo uma pessoa admirável, em todos os sentidos, que me ajudou muito. Há muitos anos estou ligado a ela e quero assim continuar durante muito tempo.

Meu ex-professor Karl E. Scheibe, atualmente um grande amigo, também tem a ver com este trabalho. Com ele comecei a estudar identidade, quando professor visitante na PUC-SP. Meu caro Scheibe trabalha na Wesleyan University (Estados Unidos), o que torna nossa convivência intermitente. A distância não prejudicou nossa amizade, pelo contrário. A admiração e o respeito só têm aumentado nestes já longos anos.

Se fosse revelar todos meus amores, isto não seria um prefácio, seria um romance. Correndo o risco de parecer ingrato, não vou mencionar todos.

Não quero, contudo, deixar de mencionar um que não poderá ler estas linhas. O ator se foi, a personagem ficou comigo me ajudando muito. O meu fraterno amigo Malufe, José Roberto Malufe, cuja falta sinto tanto. Ficou-me seu exemplo de homem excepcional; intelectual que sabia ser gente, tudo de ótima qualidade. Tínhamos um projeto comum, um grupo de pesquisa sobre identidade, que perdeu muito quando perdeu seu idealizador. Contudo, o grupo sobrevive, graças à dedicação de vários amigos comuns. O Grupo de Pesquisas sobre Identidade "José Roberto Malufe", da PUC-SP, em grande parte, ainda é movido pelo movimento inicial que seu patrono soube imprimir. Nós todos do grupo e os que vierem a dele fazer parte nunca deixaremos esse movimento morrer. O Malufe está vivo em nós.

Morte-e-vida é um outro nome para identidade. Identidade é metamorfose. Esta a tese aqui defendida. Não quero antecipar o conteúdo, contudo.

Para terminar, um adágio latino: *Feci quod potui; feciant meliore potentes* (Fiz o que pude; quem puder faça melhor).

LIVRO I

Severino

QUE TRATA DA IDENTIDADE DE UMA PERSONAGEM CHAMADA SEVERINO E CUJA ESTÓRIA FOI CONTADA NUM POEMA INTITULADO "MORTE E VIDA SEVERINA", DE AUTORIA DE JOÃO CABRAL DE MELO NETO

Capítulo 1

ONDE SE OUVE A PERSONAGEM DO POEMA TENTANDO DIZER QUEM É

> O meu nome é Severino
> não tenho outro de pia. (p.107)

O poema tem início com a personagem principal, Severino, explicando quem é; por aí se percebe que o primeiro recurso de que lança mão é fornecer seu nome, seu nome próprio, o único que lhe foi dado e com o qual se identifica.

Recorre a um substantivo ("uma palavra que nomeia o ser") para indicar sua identidade. Mas, apesar de usar um substantivo próprio, seu nome não parece suficiente para que sua identidade seja reconhecida por outros:

> Como há muitos Severinos
> (que é santo de romaria)

> deram então de me chamar
> Severino de Maria
> Como há muitos Severinos
> com mães chamadas Maria,
> fiquei sendo o da Maria
> do finado Zacarias, (p. 107)

Recorre a outros substantivos próprios: os nomes da mãe e do pai. Com isso, define uma posição social: está localizado numa família determinada. Começa a se definir pelas relações sociais mais primárias; é filho de Maria, órfão de Zacarias. São três personagens que se definem reciprocamente: pai, mãe, filho. É suficiente?

> Mas isso ainda diz pouco:
> há muitos na freguesia
> por causa de um coronel
> que se chamou Zacarias
> e que é o mais antigo
> senhor desta sesmaria. (p. 107)

Coloca-se dentro de uma perspectiva histórica, falando algo do passado. Com isso, revela a função homogeneizadora do poder que produziu muitos Severinos, que têm dificuldade de se distinguir. Faz nova tentativa:

> Como então dizer quem fala
> ora a Vossas Senhorias?
> Vejamos: é o Severino
> da Maria do Zacarias,
> lá da serra da Costela,
> limites da Paraíba, (pp. 107-108)

Procura precisar melhor a região geográfica de onde é originário. E esta delimitação deixa clara a impossibilidade de se fazer conhecer apenas com nomes próprios — seu ou dos pais — que possam identificá-lo, pois o nome já não é um substantivo próprio; torna-se substantivo comum. Declara isso ao continuar:

> Mas isso ainda diz pouco.
> Se ao menos mais cinco havia
> com nome de Severino,
> filhos de tantas Marias,
> mulheres de outros tantos
> já finados Zacarias,
> vivendo na mesma serra
> magra e ossuda em que eu vivia. (p. 108)

Buscando a diferença encontra a igualdade: se é diferente de seus pais, Maria e Zacarias, é igual a outros Severinos, igualmente filhos de iguais-diferentes Zacarias e Marias.

Insiste. Se a articulação da igualdade e da diferença se mostrou insatisfatória na tentativa que faz de dizer quem é, talvez a descrição de seu físico — seu corpo — poderá individualizá-lo, identificando-o. Mas é em vão:

> Somos muitos Severinos
> iguais em tudo na vida:
> na mesma cabeça grande
> que a custo é que se equilibra,
> no mesmo ventre crescido
> sobre as mesmas pernas finas
> e iguais também porque o sangue
> que usamos tem pouca tinta. (p. 108)

Será membro de uma *espécie* de seres homogêneos e homônimos condenados à mesmice? É o que parece, pois eles não só vivem a mesma vida, mas também morrem a mesma morte:

> E se somos Severinos
> iguais em tudo na vida,
> morremos de morte igual:
> mesma morte severina.
> Que é a morte de que se morre
> de velhice antes dos trinta,
> de emboscada antes dos vinte,
> de fome um pouco por dia. (p. 108)

Vida e morte iguais; produção da mesmice. É como se o substantivo próprio, que se transformou em substantivo comum, se tornasse um adjetivo: o Severino é um severino *severino* (este último termo qualificando o anterior).

O Severino é um severino *severino*. Homogeneização absoluta.

Nada o distingue, nada o singulariza: nem seu nome, nem seus pais, nem o passado, nem o corpo, nem o lugar onde vive, nem a vida, nem a morte o individualizam. Sua identidade transcende sua individualidade.

Sua identidade se constitui também por vidas ainda não vividas e por mortes ainda não morridas, mas que já estão contidas em suas condições atuais e que emergirão como desdobramento de um tempo severino:

> (De fraqueza e de doença
> é que a morte severina
> ataca em qualquer idade
> e até gente não nascida.) (p. 108)

Presente e passado... sim, mas há o futuro; como é o projeto severino?

> Somos muitos Severinos
> iguais em tudo e na sina:
> a de abrandar estas pedras
> suando-se muito em cima,
> a de tentar despertar
> terra sempre mais extinta,
> a de querer arrancar
> algum roçado da cinza. (pp. 108-109)

Tudo parece igual: presente, passado e futuro.

Cada novo esforço em descrever sua identidade revela que sua existência é a encarnação de um momento da História, fazendo com que seu tempo seja um tempo severino.

Um tempo severino que é vivido como um quotidiano estruturado na luta pela sobrevivência. O quotidiano o produz e ele o reproduz severino: esta sua sina!

Sua identidade é a História personificada — não se tratando de ver alguém apenas sendo afetado por condições históricas determinadas que pudessem ser destacadas dele ou ele delas pudesse ser separado: ser Severino é personificar a História, é a História se concretizando.

Deve então renunciar a se identificar a não ser coletivamente, como um representante de uma categoria, como membro de um conjunto? Ver na *severinidade* a expressão, a manifestação de uma natureza severina, de uma sociedade severina, de um tempo severino? Desistir de buscar também o que o diferencia e se contentar em se identificar pela igualdade (ou melhor, pela equivalência) com outros semelhantes que, então, precisam permanecer idênticos a si mesmos, como ele mesmo também idêntico sempre, como dois termos de uma igualdade que subsiste enquanto seus termos permanecem iguais? Manutenção do *status quo*, reprodução da mesmice...

Severino parece perceber a impossibilidade de dizer quem é, desta forma. Falou de uma identidade coletiva, que compartilha com outros Severinos, mas sua individualidade, sua singularidade, sua identidade pessoal permanece oculta. Percebe que não deve permanecer como substantivo ou como adjetivo; precisa se fazer verbo, fazer-se ação.

Por isso, encerra seu discurso de autoapresentação, preparando-se para se transfigurar num ator:

> Mas, para que me conheçam
> melhor Vossas Senhorias
> e melhor possam seguir
> a história de minha vida,
> passo a ser o Severino
> que em vossa presença emigra, (p. 109)

Capítulo 2

**NO QUAL SE OBSERVA
A MESMA PERSONAGEM NÃO
MAIS TENTANDO DIZER
QUEM É, MAS ATUANDO PARA
ENCONTRAR VIDA E, NESTA
EMPREITADA, CHEGANDO A SE
IDENTIFICAR COMO
MORIBUNDO**

 O poema se modifica: a personagem, que inicialmente aparece como o autor de um discurso de autoapresentação, transforma-se num ator que passa a desempenhar seu papel de migrante, numa história cuja narrativa é de um autor ausente do texto, como a sugerir que deixemos de apenas ouvi-lo e passemos a seguir seus passos.
 Assim, uma série de acontecimentos e de encontros se sucedem, entremeada por reflexões de Severino, que nos ajudam a conhecê-lo melhor:

> Desde que estou retirando
> só a morte vejo activa.
> Só a morte deparei,
> às vezes até festiva.
> Só morte tem encontrado
> quem pensava encontrar vida
> e o pouco que não foi morte
> foi de vida severina
> aquela vida que é menos
> vivida que defendida... (p. 119)

Identifica-se fundamentalmente como *"quem pensava encontrar vida"*.

Isso o levou a retirar. Isso o levou a alterar seu quotidiano de lavrador. Mas, não vê vida para ser vivida, apenas para ser defendida. Procura achar "trabalho de que viva", mas não está preparado, pois

> Como aqui a morte é tanta
> só é possível trabalhar
> nessas profissões que fazem
> da morte ofício ou bazar. (p. 125)

Busca a vida e descobre que poderia sobreviver se conseguisse ajudar a morte.

Revolta? Provavelmente nem pensa. Sabe o que sucede a quem se revolta, ouvindo dos amigos de um lavrador, no funeral deste:

> Esta cova em que estás,
> com palmos medida
> (...)
> É a parte que te cabe
> deste latifúndio.

> Não é cova grande,
> é cova medida.
> É a terra que querias
> ver dividida, (p. 128)

A seguir, como que se desculpando, Severino confessa:

> O que me fez retirar
> não foi a grande cobiça.
> O que apenas busquei
> foi defender minha vida
> da tal velhice que chega
> antes de se inteirar trinta, (p. 132)

É como se explicasse por que o lavrador transformou-se em retirante. Tinha consciência do que certamente lhe sucederia se mantivesse sua anterior identidade. Migra, como uma forma de defender a vida, de encontrar vida.

Porém, tudo o que viu e ouviu ao longo de sua viagem gera dúvidas. Um pouco antes de chegar a seu destino declara:

> Mas não vejo diferença
> entre o agreste e a caatinga,
> e entre a caatinga e a mata
> a diferença é a mais mínima.
> Está apenas em que a terra
> é por aqui mais macia. (p. 132)

Mesmo assim, resolve se apressar e chegar a seu destino. Aí dois coveiros conversam entre si e revelam o que pode esperar objetivamente "quem pensava encontrar vida":

> Esse povo lá de cima
> de Pernambuco, da Paraíba,
> que vem buscar no Recife
> poder morrer de velhice
> encontra só, aqui chegando,
> cemitérios esperando.
> Não é uma viagem que fazem
> através de montanhas, vargens.
> Aí está o seu erro:
> Vem é seguindo seu próprio enterro, (p. 139)

A identidade que lhe é atribuída pelos coveiros é assumida. Descobre-se como um morto-ainda-vivo, um moribundo:

> E agora descubro que,
> esta viagem concluída,
> sem saber desde o sertão,
> meu próprio enterro eu seguia.
> Só que devo ter chegado
> adiantado de uns dias.
> O enterro parou na porta:
> o morto ainda está com vida. (p. 141)

Tudo adquire novo sentido para ele. É como se encontrasse solução para o problema com que se deparara anteriormente:

> Tenho de saber agora
> qual a verdadeira via
> entre essas que escancaradas
> frente a mim se multiplicam, (p. 116)

Buscava a verdadeira via, através da qual pensava encontrar vida. Sabia que se permanecesse na sua serra magra e ossuda, seu sangue teria pouca tinta, morreria de velhice antes dos trinta, ou de emboscada antes dos vinte — e de fome um pouco por dia. Recusa-se a se identificar com essa alternativa que lhe era oferecida. Outra lhe é permitida: migrar. Identifica-se com ela, certo inicialmente de encontrar condições que lhe permitam ser outro.

Ser outro. Encontrar vida.

Para isso, tem de saber qual a verdadeira via, a alternativa que esperava existir para se tornar outro.

Mas, o que ouve dos coveiros dá um novo significado a sua ação de migrar, não mais encontrar a vida, pois a gente retirante

> (...) ao chegar
> não têm mais o que esperar.
> Não podem continuar
> pois têm pela frente o mar.
> Não têm onde trabalhar
> e muito menos onde morar. (p. 138)

Identifica-se como um moribundo, um morto-ainda-vivo. Que fazer? Que alternativa lhe resta? Como age um moribundo convicto?

> A solução é apressar
> a morte a que se decida
> e pedir a este rio
> que vem também lá de cima
> que me faça aquele enterro
> que o coveiro descrevia, (p. 141)

A *verdade* está no significado que atribui a sua condição, produzindo uma nova identidade. Severino, lavrador na serra magra e ossuda. Severino, retirante na viagem que fazia. Severino, moribundo na chegada ao Recife.

Sua identidade de moribundo foi se engendrando ao longo da viagem. Foram decisivas para isso as palavras das outras personagens. Todas falavam de morte e não de vida.

Nenhuma palavra que alterasse o sentido dado a sua viagem: seguir o próprio enterro. É como se tudo, cada fala, cada encontro, cada cena, cada acidente, confirmasse essa verdade.

Nada, ninguém, só seu desejo falava de vida.

Seu desejo o fez viver até os dezoito; seu desejo o fez migrar, seu desejo o fez procurar qual seria a verdadeira via entre as que frente a ele se escancaravam.

Como continuar desejando vida, se ninguém ainda lhe falara de outro modo?

> Severino, retirante,
> muita diferença faz
> entre lutar com as mãos
> e abandoná-las para trás. (p. 144)

Encontra o morador de um mocambo que se recusa a dizer-lhe se o rio no ponto onde estão dá "para cobrir corpo de homem"; ele discorda de Severino que lhe pergunta:

> ... quando a força que morreu
> não tem onde se enterrar,

> porque ao puxão das águas
> não é melhor se entregar?
> (...)
> Seu José, mestre-carpina,
> e em que nos faz diferença
> que como frieira se alastre,
> se acabamos naufragados
> num braço do mar miséria? (pp. 143-144)

Sempre discordando de Severino, José, o morador do mocambo, argumenta:

> A vida de mais um dia
> cada dia hei de comprá-la
> (...)
> Não é que espere comprar
> em grosso de tais partidas.
> Mas o que compro a retalho
> é de qualquer forma vida. (p. 145)

Severino, que abandonara a busca da vida e agora queria encontrar definitivamente a morte, reluta em concordar com o que lhe dizia José:

> Seu José, mestre carpina,
> que diferença faria
> se em vez de continuar
> tomasse a melhor saída:
> a de saltar, numa noite,
> fora da ponte e da vida? (p. 145)

... Severino, um morto-ainda-vivo!

Capítulo 3

QUE DISCUTE, NO FINAL, A POSSIBILIDADE DE TER A MESMA PERSONAGEM ENCONTRADO CONDIÇÕES PARA SE IDENTIFICAR COMO SER HUMANO, POR CAUSA DE UM GRUPO QUE FESTEJA UM NASCIMENTO

> Compadre José, compadre,
> (...)
> não sabeis que vosso filho
> saltou para dentro da vida? (p. 146)

O debate que vínhamos observando entre José e Severino é interrompido pelo anúncio do nascimento do filho do primeiro.

Com isto, há nova mudança de enquadramento do poema: Severino como que passa a segundo plano e, junto com mestre carpina, transforma-se em observador da ação desenvolvida por um conjunto de atores que constitui a comunidade na qual nasceu o filho de José.

Tudo o que até então Severino não encontrara começa a surgir ante seus olhos: alegria, animação, entusiasmo, solidariedade, amizade, confiança no futuro, beleza, força, transformação, saúde etc.

Severino observa uma comunidade inteira desfilar diante de José, festejando o nascimento de seu filho. Como que há uma mágica transformação da realidade.

O cenário de tristeza, desolação, pobreza e morte é outro. Tudo adquire novo significado, depois que os vizinhos afirmam:

> E cada casa se torna
> num mocambo sedutor.
> Cada casebre se torna
> no mocambo modelar... (p. 148)

A solidariedade e a amizade não são impedidas pela pobreza. Os amigos trazem presentes para o recém-nascido:

> Minha pobreza tal é
> que nada posso ofertar.
> Se não é o leite que tenho
> para meu filho amamentar.
> Aqui são todos irmãos
> de leite, de lama, de ar. (p. 149)

Fraternidade, comunidade, humanidade.
Vida que se encarna no recém-nascido.

Mas, vida que se encarna principalmente nas relações sociais de vizinhança, compadrio, amizade, solidariedade, que fazem do nascimento uma festa do grupo.

É na ação que cada membro da comunidade desempenha que a vida pode ser encontrada.

É o sentido da atividade social que metamorfoseia o real e cada uma das pessoas.

Os vizinhos adquirem realeza e magia: são reis magos!

Até mesmo a identidade futura do recém-nascido se transfigura na profecia que a segunda cigana faz, corrigindo a da primeira.

São duas identidades pressupostas que se diferenciam claramente; na primeira o recém-nascido:

> Cedo aprenderá a caçar:
> primeiro com as galinhas
> que é catando pelo chão
> tudo o que cheira a comida.
> Depois aprenderá com
> outras espécies de bichos:
> com os porcos nos monturos,
> com os cachorros no lixo. (pp. 152-153)

Sua vida, contudo, pode ter outro sentido. A segunda cigana mostra uma alternativa diferente:

> Minha amiga se esqueceu
> de dizer todas as linhas.
> Não pensem que a vida dele
> há de ser sempre daninha.
> Enxergo daqui a planície
> que marca o homem de ofício

> e é mais sadia que os mangues,
> tenha embora precipícios.
> Não o vejo dentro dos mangues,
> vejo-o dentro de uma fábrica.
> Se está negro não é de lama,
> é de graxa de sua máquina... (p. 153)

São duas alternativas possíveis, dois projetos de vida: o pescador de maré vestido de lama da cara ao pé e o homem de ofício, negro da graxa de sua máquina.
Confiança na possibilidade de um futuro melhor:

> ... vejo coisa que o trabalho
> talvez até lhe conquiste... (p. 154)

Um recém-nascido e duas alternativas futuras de identidade; uma expressando uma expectativa pessimista, outra uma mais otimista.
Se mil ciganos fizessem mil profecias diferentes, todas poderiam estar pressupondo identidades futuras possíveis. Todas poderiam estar expressando a inesgotável plasticidade do humano contida naquela tenra vida. É verdade que as probabilidades de cada uma e de todas essas alternativas sempre dependeriam de condições objetivamente dadas, inclusive das expectativas dos pais e de outras pessoas significativas — bem como das expectativas interiorizadas pelo próprio sujeito. De qualquer forma, quando essas condições dadas impedirem quaisquer alternativas de se concretizarem estarão expressando a desumanidade de seu tempo, de sua sociedade. Se lhe estiver vedada a identidade do homem de ofício, negro da graxa de sua máquina,

será uma condição desumana, negação da vida. Daí que a vida, a liberdade, o trabalho, nunca são dados naturalmente; uma identidade humana é sempre negação do que a nega.

Será este recém-nascido tão diferente dos Severinos homogêneos e homônimos que vimos encerrados na sua mesmice? Na verdade, é um ser do mesmo gênero que, inclusive, também pode vir a ser mais um Severino, como possibilidade — não como necessidade. O que o caracteriza é a plasticidade; define-se pelo vir-a-ser.

> É um menino magro,
> de muito peso não é.
> Mas tem peso de homem,
> de obra de ventre de mulher.
> (...) tem a marca de homem
> marca de humana oficina.
> (...) as mãos que multiplicam
> nas suas já se adivinha.
> (...) É tão belo como um sim
> numa sala negativa.
> (...) Belo porque é uma porta
> abrindo-se em mais saídas, (pp. 155-157)

Descrição que pode ser de qualquer ser humano. Descrição com a qual qualquer indivíduo pode se identificar.

O humano é sempre "uma porta abrindo-se em mais saídas". O humano é vir-a-ser humano.

Identidade humana é vida!

Tudo o que impede vida impede que tenhamos uma identidade humana.

Podemos, então, entender que o desejo de Severino

de *encontrar vida* pode ser traduzido por buscar concretizar uma identidade humana. Fugia da desumanidade que é ser um morto-ainda-vivo. Neste sentido, talvez, seu desejo trágico de "saltar para fora da vida" era o que lhe restava para não continuar morto-ainda-vivo. O contato com José, mestre carpina, mostrou-lhe outras possibilidades; porém, o que parece ter sido decisivo foi ver concretizada a ideia de vida não só no nascimento da criança, mas principalmente nos gestos, nas ações, nas palavras de todos os vizinhos e amigos da comunidade em que chegara. Foram essas relações que deram materialidade às palavras de José, tanto que este reconhece:

> É difícil defender
> só com palavras a vida
> (ainda mais quando ela é
> esta que vê, severina) (p. 158)

De certa forma, podemos achar que foi o significado socialmente atribuído a um fato natural (o parto) que permitiu a Severino entender (e aceitar, parece) as palavras seguintes, praticamente finais de José, ao tentar responder se não valia mais "saltar fora da ponte e da vida":

> E não há melhor resposta
> que o espetáculo da vida:
> vê-la desfiar o seu fio
> (que também se chama vida),
> ver a fábrica paciente
> que ela mesma se fabrica,
> vê-la surgir como há pouco
> em nova flor explodida, (pp. 158-159)

O poema termina por aqui. Podemos supor que, finalmente, Severino encontrou o que buscava: vida.

Como podemos compreender isso? Apenas pelo fato biológico da reprodução da vida que ele assistiu?

Certamente que não — caso contrário, cada vez que uma mulher parisse uma criança, toda magia e arrebatamento que o nascimento descrito no poema produz se reproduziriam.

A *vida* que supomos que Severino encontrou, convém repetir e frisar, está muito mais em tudo o que é expresso pelos vizinhos e amigos por ocasião do nascimento: respeito e amor pela vida (mesmo franzina, mesmo severina).

O valor da vida para essa comunidade fica claro quando lembramos que a primeira reação que os vizinhos têm ao se deparar com o recém-nascido é afirmar:

> Todo céu e a terra
> lhe cantam louvor, (p. 147)

Um grupo de pessoas que participa tão intensamente do nascimento de uma simples criança ("é um menino guenzo / como todos destes mangues" — p. 155) e se refere a isso como um acontecimento que movimenta todo o céu e toda a terra, certamente coloca a vida acima de tudo!

Encontrar um grupo com esses valores é *encontrar vida*. Num grupo assim, pode-se supor, cada indivíduo reconhece no outro um ser humano e é assim reconhecido por ele — sozinhos certamente não podemos ver reconhecida nossa humanidade, consequentemente não nos reconhecemos como humanos. Ter uma identidade humana é ser identificado e identificar-se como humano!

LIVRO II

Severina

**QUE TRATA DA IDENTIDADE
DE UMA PESSOA CHAMADA
(AQUI) SEVERINA E CUJA
HISTÓRIA FOI CONTADA POR
ELA, ORALMENTE, AO AUTOR**

Capítulo 1

NO QUAL INICIA SEU RELATO AUTOBIOGRÁFICO UMA PERSONAGEM REAL (CHAMADA AQUI SEVERINA, APESAR DE SEU NOME VERDADEIRO SER OUTRO), NASCIDA NUMA PALHOÇA NO SERTÃO BAIANO, ONDE VIVEU ATÉ OS 11 ANOS, QUANDO SE MUDOU PARA A ANTIGA RUA DOS OSSOS, EM SALVADOR

O que fui, o que eu era... Vamos começar assim, numa comparação, da minha criação: dizer como fui criada, no interior, no norte, numa cidade muito pobre; um lugar onde não tinha nada (...)
    Vivíamos no campo, eu nunca morei numa casa de telha, nem casa de barro: só morei em palhoça.

Severina, para dizer quem é, começa descrevendo o lugar de onde provém, suas condições de vida na infância, passando em seguida a falar de seus pais.

> Os pais muito desencontrados; meu pai era uma pessoa muito ruim; a única coisa que via entre eles era espancamento, era judiação dele com minha mãe. E eu, sempre apanhando. Minha mãe era uma pessoa rude.
> Meu pai era boiadeiro. Minha mãe cuidava da casa... cuidava da casa trabalhando na roça; nós éramos rendeiros (...)
> Papai era muito beberrão; bebia, judiava de mamãe; nossos dias... quer dizer, que infância que a gente teve? Nunca tive infância, nunca tive nada.

Sua infância-que-não-teve foi toda marcada pela violência do pai e pelo sofrimento da mãe. Todo relato que se segue ilustra e clareia essa violência, entremeada de ausências paternas.

> Minha vida com meu pai e minha mãe até os 11 anos foi um transtorno. Dentro da minha casa o que eu via? Era briga, espancamento, ele chegava bêbado, tirava minha mãe de casa, tirava a gente, jogava na rua, embaixo dos pés de joá — quantas vezes a gente não dormia lá! Ele chegava de fogo, jogava a gente na rua, nas goteiras, nas épocas de chuva.

Severina conta que esse procedimento do pai, numa determinada noite, acabou provocando a morte de uma irmã mais nova. Conta esse episódio e faz o seguinte comentário:

veja como é: as coisas ruins a gente lembra tudo; parece um filme na mente da gente; eu nunca esqueço dessa minha irmã.

Severina extrai da memória os fatos que considera significativos para que saibamos quem foi, quem era... Só consegue deixar isso claro contando quem foi, quem era seu pai, sua mãe! De si própria apenas diz:

> ... eu tinha revolta dentro de mim (...) Tudo isso eu fui vendo (...) Tudo isso foi me revoltando.

Severina parece perceber que falar dela mesma seria pouco eloquente. Só afirma: "tudo isso foi me revoltando". A força de sua descrição não está no que afirma de si, mas sim no relato da conduta do pai. Nós sentimos a intensidade de sua revolta quando em seguida acrescenta:

> A última briga que ele teve com mamãe, ele cortou todinha minha mãe, de facão.

Para contar a infância-que-não-teve vai delineando um retrato de corpo inteiro do pai. Mesmo assim, este lhe parece alguém incompreensível na sua violência:

> Nessa noite, ele não estava em casa, porque ele sempre saía, estava pelos campos, pelas fazendas, ele era capataz... que no fundo, no fundo, eu não conheci meu pai, eu não sei quem é meu pai na realidade; não tinha contato com ele: só via quando chegava; viajava, vivia sempre com boiada, levava e trazia boiada dos fazendeiros,

as tropas; quando ele voltava, se passava uma semana, um mês dentro de casa, trabalhando nas fazendas que tinha lá, era só briga e confusão.

De alguma forma, parece, pode achar que o pai não era só violento, beberrão, ausente etc. É como se implicitamente se perguntasse: "meu pai era só isso? Se o conhecesse *na realidade* saberia quem é meu pai?".

Contudo, não convém que desviemos a atenção de seu relato. Afinal, ela se propôs dizer quem foi, quem era. Descreveu-se como revoltada e está apenas explicando as coisas que a deixaram revoltada. Podemos até achar que ela, pelo fato de não ter conhecido um outro lado que supostamente o pai pudesse apresentar, tenha essa revolta aumentada.

Vamos devolver a palavra a Severina.

Nessa noite (a mesma citada anteriormente) (...) mamãe na cozinha falou: — Você quer comida, eu vou esquentar. Quando eu vim para a cozinha só vi na luz do candeeiro o facão brilhar, e mamãe gritou; ela estava de costas, e acho que ela ouviu mexer na tramela e abrir a porta; eu fiquei parada; e agora, o que eu faço? Gritar, pedir socorro! Mas via o facão brilhar e ela aparava nas mãos e aquilo cortando tudo. Uma hora, não sei o que deu em mim (...) eu avancei para passar entremeio os dois e mamãe segurou o facão no ar. Se eu passasse e mamãe não tivesse segurado, ele me cortava no meio, direto. Passei, gritei e pedi socorro (...) daí eles vieram; foi quando papai passou por mim; vinha limpando o facão na bainha, na barra da camisa. Eu digo: — Papai, você matou mamãe? E ele disse: — Não matei sua mãe!

Cheguei lá, ela estava de joelhos (...) os vizinhos chegaram para acudir e ele foi embora, sumiu (...) Mamãe ficou uns 4 ou 5 meses em tratamento (...) Ficou aleijada: as mãos, os dedos, os braços, mutilou tudo; não pegou no corpo porque ela ficava defendendo, porque acho que ele queria cortar a cabeça dela pelo jeito.

Aparentemente, sem mais nem menos, o pai entra em casa, noite alta, mutila a mãe, Severina sentiu que correu o perigo de ser morta e diz: "eu não sei quem é meu pai na realidade".

"Depois disso, papai ficou muito tempo sem voltar. Mas, naquele tempo era a lei-cão: a mulher tinha que aceitar; voltou, tinha que aceitar o marido; não é hoje, não é nós agora (porque eu só aguentei o meu 2 anos). Voltou e continuou tudo a mesma coisa naquela casa (...) Engravidou mamãe e quando tinha mais ou menos 6 meses de gravidez, ele pôs o pé no mundo outra vez (...) Mamãe com a barriga na boca e nós passando fome (...) ela trabalha com as mãos *tudo* torta (...) Nós tínhamos que carregar água para pagar a renda da casa que nós morávamos: acordávamos às 4 horas da manhã para encher os barricões dos fazendeiros, do patrão.
Quer dizer que naquela época era mais que escravidão (...) Com toda lealdade, era escravidão (...) Analisa bem, veja o alicerce da minha vida, o que fui eu!

Escrava-revoltada, fala de uma infância-que-não teve: tudo o que ocorreu, sua história, é descrito como o *alicerce* de sua vida, como se até então fosse uma vida-que-não-foi-vivida.

Severina fala de si como de uma personagem que foi (e não é mais), lutando contra a fome, a pobreza, a violência. A morte rondando. Embora não diga explicitamente, o único apoio, a única fonte de segurança parece ter sido a mãe.

>(...) foi dessa gravidez que mamãe morreu, no parto
>(...) Daí pra frente eu nunca soube mais dele (o pai).
>(...) Era época de Natal quando mamãe morreu e nós (mais duas irmãs sobreviventes) fomos distribuídas, cada uma pra um lado.
>(...) Fui para Salvador; tinha 11 para 12 anos (...) trabalhar de empregada. Nunca esqueço o nome da rua: antiga rua dos Ossos!
>Foi daí para frente que começou minha vida, minha peregrinação.

Severina, no seu relato, aparece como mera testemunha das brigas, das confusões, das violências. Escrava revoltada, o único gesto que aponta como seu foi o de irromper entre o pai e a mãe, na cena do facão, para pedir socorro: um gesto de desespero, de animal acuado. Tudo o mais lhe acontecia: era surrada, era jogada para fora da casa, era obrigada a carregar água, foi levada para Salvador... uma história em voz passiva: uma vida-que-não-foi-vivida.

A memória de sua infância é um filme repleto de cenas ruins.

Sua infância-que-não-teve termina aos 11 anos de idade; sozinha, órfã de mãe-morta e de pai-desaparecido, arrancada de sua palhoça natal e levada para a cidade grande desconhecida.

>Sua vida, sua peregrinação começa na antiga rua dos Ossos.

Capítulo 2

QUE RELATA O INÍCIO DA PEREGRINAÇÃO DE SEVERINA, INCLUINDO O VOO NO GAVIÃO-DE-PRATA, E QUE TAMBÉM CONTA COMO ELA, SENDO JOGADA DE UM LADO PARA O OUTRO, VAI SE TRANSFORMANDO NA VINGADORA QUE BUSCA PODER

Foi daí por diante que começou: era casa por casa; não sabia trabalhar, não sabia fazer o serviço (...) nunca tinha visto uma vassoura, nunca tinha visto um banheiro: a primeira vez que fui lavar a cara — a mulher disse que era pra lavar a cara — quando ela chegou eu estava pegando água na privada pra lavar o rosto (...) eu não esqueço isso (...) daí ela explicou — isso é pra gente sentar... explicou

> o que era pra fazer ali (...) eu fui pegar água lá porque eu não tinha visto nenhuma nascente, nenhuma fonte!

Literalmente, Severina era um *bicho do mato*, animal ferido e acuado, escorraçado para um lugar estranho, desconhecido.

Mas, um bicho-humano:

> Quando comecei a entender, eu não voltei mais pra (minha terra) (...) quando mamãe faleceu todo mundo dizia (...) foi a amante dele (pai) que matou ela, de macumba (...) tudo aquilo eu escutei e gravei na minha mente, gravei mesmo (...) Então, quando eu comecei a entender, eu sempre tinha aquilo: mamãe morreu, foi a Preta (amante do pai) que matou, foi a macumba... porque lá não chama macumba, chama feitiço, fez feitiço e matou mamãe. Então, só vou voltar lá quando eu puder me vingar dela (...) Então eu queria trabalhar, trabalhar, trabalhar, trabalhar, porque eu só vivi pra vingança: eu tinha uma vingança muito grande dentro de mim: era encontrar meu pai e essa mulher...

O bicho-humano começa a entender e encontra significado para os acontecimentos: a morte da mãe tem uma explicação (natural e sobrenatural), os indivíduos têm intencionalidade; sua situação deixa de ser um absurdo incompreensível.

O bicho-humano faz escolhas: quer permanecer em Salvador, trabalhar muito.

Sua atividade adquire sentido: trabalhar para poder vingar.

Um projeto: vingança! Uma grande vingança; para isso, ela precisa adquirir poder!

Mas em Salvador eu nunca consegui ganhar dinheiro, que era insuficiente, porque quanto que eu ganhava naquela época?... Não dava nem para comprar roupa (...) eu fui crescendo, mas com aquele negócio dentro de mim: eu tinha que trabalhar, tinha que viver, tinha que ultrapassar, fazer alguma coisa pra voltar lá e destruir toda aquela gente (...) Ai! quanta bobagem eu pensava dentro de mim, né?

Graças ao projeto que tem, o bicho-humano vai adquirindo uma identidade que dará sentido a sua vida: a vingadora.
Transformada em vingadora, é esta pessoa que entra na adolescência e juventude. Na época, um bicho do mato transformado em vingadora. Hoje, a outra que ela é afirma "quanta bobagem", mas naqueles dias era importante, nada era mais importante: era vital.
Vingadora e revoltada:

Sempre mudando, porque não tinha juízo: qualquer coisa que diziam pra mim, quebrava o pau; era revoltada, brigava com Deus e todo mundo; brigava na rua, brigava dentro de casa, brigava em todo lugar... os patrões se me davam um pão eu não queria: queria dois (...) era a coisa mais gostosa comer pão, como eu comi pão... porque antes comia só biju (...)

A vingadora que arquiteta planos para adquirir poder e "destruir toda aquela gente", convive com a revoltada que briga "com Deus e todo mundo", havendo ainda o bichinho faminto que sente um imenso prazer em comer pão, "era a coisa mais gostosa".

A vingadora sempre sonhando adquirir poder:

> Sempre eu tinha uma coisa: mamãe chamava o avião gavião-de-prata; eu tinha isso sempre dentro de mim, que um dia ainda eu ia voar num gavião-de-prata. Então, depois começou aquele negócio: não era mais eu ganhar dinheiro em Salvador, eu tinha que vir embora para São Paulo. Mas como? Quem ia me trazer? Um dia eu vou, mas como que vou? Vou dar um jeito de eu ir, pensava comigo!

Revoltada, acaba criando as condições: numa das muitas brigas, depois de apanhar muito de um patrão, um *galego* dono da pensão onde trabalhava, que a chama de *filha sem pai*, sai à rua procurando novo emprego. O acaso dá uma ajuda e uma desconhecida lhe oferece trabalho em São Paulo. A possibilidade de voar no gavião-de-prata se torna concreta e talvez também o sonho de ganhar dinheiro em São Paulo — e com isso ter poder!

Acredita que ficará com a família da mulher que lhe ofereceu emprego, mas não; é levada para uma cidade do interior de São Paulo (e não para a capital, como acreditava) e deixada com outra família. Comenta:

> Veja como é minha vida: sempre jogada de um lado para o outro (...)
> Chorava dia e noite, de frio, de frio que eu não aguentava; 5 horas da manhã tinha que estar de pé; tinha 6

crianças nessa casa, era uma casa do tamanho de um quarteirão; eu tinha que tomar conta, lavar a roupa de 6 crianças, cuidar das 6 crianças e cuidar da casa; tinha uma cozinheira (...)
(...) me largaram lá; eu digo: e agora que faço? sozinha, num mundo destes (...) eu não entendia nada (...) então digo: tenho que aguentar aqui; ganhar um dinheirinho e voltar (...) continuar trabalhando (...) quando estava vencendo o mês, a mulher foi me pagar: de 1.500 se reduziu a 300 cruzeiros meu ordenado (...) ela me diz: tem que pagar a viagem de avião e tem que trabalhar dois anos para pagar a viagem, descontando por mês (...)
Pensei que tinha saído de uma escravidão, caí numa pior; digo: não, eu não vou ficar aqui...

Achara que o gavião-de-prata a levaria para São Paulo e com isso ganharia dinheiro suficiente para realizar seu projeto de vingança; descobre-se de novo escrava; escrava solitária, num mundo estranho — impotente até mesmo para voltar.
Resolve prosseguir sua peregrinação. Foge depois de alguns meses; arruma outro emprego na mesma cidade, numa casa em que não tem onde dormir; arruma um quarto na casa de uma conterrânea e, em pagamento do mesmo, trabalha também para esta.

Outra escravidão: tinha que trabalhar na casa da patroa e na casa da baiana (...)

Já está com 18 anos de idade. Faz amizades na cidade, até que um dia,

> ... caí na besteira de arrumar um namorado; a família do rapaz não queria, porque eu era sem família, era — lá eles dizem — *filha de ninguém quando a gente é só* (...) lá é outra cidade severa, uma cidade dura (...)
> (...) aquele namoriquinho, aquela coisa boba (...) no fim ele estava querendo ficar noivo (...) começou a guerra da mãe do rapaz comigo (...) entre ela (mãe) e a dona Z (a baiana que alugara o quarto) houve um combinado...

Uma escrava, *filha de ninguém*, não pode ser a noiva de um rapaz de família, principalmente numa cidade *severa* e *dura*. É uma alternativa de identidade que lhe é socialmente negada. As posições que pode ocupar, as relações que pode manter dependem de sua identidade. Noiva de rapaz de família é incompatível com escrava *filha-de-ninguém*. Como impedir que isso se concretize? O combinado foi trazer Severina para a capital, a pretexto de acompanhar sua conterrânea, que vinha fazer um tratamento médico, e deixá-la aqui.

> A mulher foi embora e me deixou (...) quando recebeu alta (...) me deixou (...) sem emprego e sem nada, na casa de (uma família), que era pra essa família arrumar um emprego pra mim aqui, porque não tinha mais condições de voltar pra (cidade do interior) (...) perdi o namorado, perdi tudo. (...) daí foi casa por casa, casa por casa, casa por casa, casa por casa, trabalhando (...) então cada vez mais cada dia eu era jogada de um lado pra o outro.

Quem pensava, chegada em São Paulo, conseguir os meios para se libertar da escravidão, ganhar dinheiro, adquirir poder e concretizar o projeto de vingança, vê tudo isso cada vez mais difícil. Sente-se um joguete nas mãos dos outros, que a enganam, exploram-na e a abandonam. Que mudou? Nada, nem seu propósito.

Continuava na mesma coisa, no mesmo ritmo, com a ideia de vingança, de trabalhar e de voltar (...) ficar rica, ganhar dinheiro, pra pagar passagem e comprar um revólver, comprar alguma coisa: ou revólver ou qualquer coisa, ou chegar lá e pegar os feiticeiros de lá e fazer o que ela (amante do pai) fez com minha mãe — o que eu achava que ela fez com minha mãe eu teria que fazer igual; achasse meu pai, fazer igual.

Capítulo 3

ONDE CONTINUA O RELATO DA PEREGRINAÇÃO DE SEVERINA, QUE TENTA FUGIR DE EXU, E NESSA TENTATIVA ENCONTRA UM NOIVO COM QUEM SE CASA

Severina prossegue sua peregrinação, que nós poderíamos chamar calvário. Como ela mesma diz, "jogada de um lado para o outro", "de casa por casa". Cada vez que muda, muda sua escravidão, mas esta a acompanha desde cedo. Se conviveu com a violência quando era filha-do-pai, com ela continua convivendo quando se transforma em filha-sem-pai e depois filha-de-ninguém. Tudo lhe é negado.

Depois que perde o provável noivo, na cidade *severa* e *dura* do interior, tem uma segunda oportunidade em São Paulo, quando começa a namorar um japonês. Mas, de novo, a família do moço se opõe:

O pai do japonês correndo atrás de mim sempre; não dava certo mesmo, eu não tinha quem me ajudasse, eu não podia fazer nada, tinha que correr mesmo, porque a *raça* era fogo e eu tinha que viver, não podia morrer antes do tempo (...) porque eu tinha alguma coisa pra mim fazer na vida.

A única coisa que ninguém podia lhe tirar e à qual se agarrava como forma de sobreviver era seu desejo de vingança. Mas, cada vez menos este projeto se viabiliza. Continua sendo tudo o que foi: escrava revoltada e briguenta, filha de ninguém etc.; mas a vingança cada vez mais distante.

A realidade objetiva se impõe. Seu desejo também. Como preservar a vingadora com que se identifica? Que fazer?

Alucinar: uma saída?

Mais ou menos eu já estava com uns vinte e poucos anos quando comecei a ter esses tipos de pesadelos (...) antes eu não tinha, a única coisa que eu tinha era muita revolta, muita briga.

As visões eram verdadeiras (...) verdadeiras não hoje, hoje não, verdadeiras na época, entende? Aquilo era tão real, o que eu via (...)

Eu tinha mil e uma coisas; eu enxergava, eu via as coisas (...) à noite eu tinha aqueles pesadelos horríveis, acordava gritando, berrando, eu acordava e via múmia, via coisas na beira da minha cama, eu via um bendito de um índio (...) eu via tudo isso (...) as meninas (que moravam na mesma pensão) vinham me acordar pra ver o que estava acontecendo comigo (...)

> Um dia eu saí pelada, quase pelada; de (onde morava) fui até (o lugar onde trabalhava), porque os soldados estavam correndo atrás de mim e eu (...) que soldado nada! (...)
> Era um tipo de crise que dava em mim, de acesso de loucura, qualquer coisa, não é?

É a Severina-de-hoje falando da Severina-de-ontem; a primeira é quem dá esta explicação (*acesso de loucura*); a segunda é quem tinha visões que eram *verdadeiras*. De que explicações esta dispunha? A mãe já fora morta *de feitiço*; agora, ela é quem corria perigo:

> Achava que ia morrer, é lógico; tudo pra mim era coisa feita, era macumba, era feitiço, que as pessoas faziam pra mim,

O suporte social que garantia ser verdadeira a explicação ela o encontra na lembrança das afirmações feitas pelos vizinhos em sua terra natal, quando a mãe morreu; agora, era reafirmado pelas meninas da pensão:

> As meninas achavam que eu tinha encosto, que eu tinha as coisas, que eu tinha isso, que eu tinha aquilo outro e (uma delas) me levou lá no centro espírita (...)
> Cada vez mais diziam que era encosto que eu tinha (...) que eu tinha que desenvolver (...) que eu tinha um danado de um Exu, que eu tinha um não sei quem era outro lá (...).

Se é verdade que feitiços são *reais*, fica explicada e

aceitável a dificuldade que Severina está tendo de concretizar seu projeto de vingança: as outras pessoas é que impedem-na, graças a essa coisa poderosa que é o feitiço.

Parece bastante razoável admitirmos que, frente à dificuldade objetiva de conseguir o poder de que necessita para realizar seu projeto de vingança, em vez de abandoná-lo — o que implicaria profunda transformação da identidade que construíra — prefere abandonar a realidade.

Mas, a realidade muitas vezes é mais surpreendente do que imaginamos.

> O meu marido eu conheci sabe como? No centro espírita. Comecei a ir e depois a gente começou naquele papo (...)
> Foi cinco anos de namoro e noivado; era tudo bem; ele era ótimo (...)
> Foi a primeira pessoa na realidade que me deu carinho, que me deu atenção, assim na verdadeira mesmo (...) pra mim ele era tudo, era meu pai, era meu irmão, era meu noivo; sou sincera a dizer (...) dentro desses cinco anos ele foi bacana comigo, me respeitou mesmo, porque ele, sabendo que eu era sozinha, não tinha família, não tinha ninguém... eu andava com ele parecia que era meu irmão, meu amigo, era aquela coisa maravilhosa que tinha entre nós (...)
> Eu acreditava nele piamente, ele era a única coisa, foi a única pessoa que eu achei que confiei, que acreditei e, acima de tudo, eu pensei que eu amei. Tudo pra mim que ele fazia era perfeito; não existia nada imperfeito nele pra mim.

De repente, a realidade que se mostrava tão hostil a Severina — a ponto de ela começar inconscientemente a se evadir da mesma — muda surpreendentemente: encontra um rapaz com quem durante cinco anos tem um namoro e um noivado perfeitos. Não falta o final feliz: casam-se, de papel passado e na igreja, com as bênçãos dos pais do marido. Ele é instruído (*pra mim ele era doutor: tinha ginasial completo*) e está empregado (era soldado, com função de datilógrafo e taquígrafo, num tribunal militar).

Uma alternativa de mudança de identidade desejada por muitas moças — até mesmo de classe média e com família — ser esposa, dona de casa, mãe, tudo direitinho!

Curiosamente, não se percebe nenhuma evidência de que Severina desejasse isso antes. Apenas tinha ido ao centro espírita por causa dos feitiços, dos encostos (*um danado de um Exu*), buscar ajuda (*desenvolver*).

Tudo o que declarara até então fora trabalhar, ficar rica, adquirir poder, voltar para sua terra e vingar-se: a vingadora!

Eis que temos Severina casada, dona de casa e, em um ano, mãe de um menino.

Ironias do destino... ou de Deus... ou do diabo...

Capítulo 4

EM QUE É INTERROMPIDA A NARRATIVA DA PEREGRINAÇÃO DE SEVERINA PARA UMA REFLEXÃO, DEPOIS DO QUE VOLTAMOS À HISTÓRIA NA ÉPOCA DO SEU NOIVADO

Até os vinte e poucos anos, a história de Severina, sob a aparência de uma grande diversidade e variedade de situações e episódios, é relativamente homogênea e repetitiva; é possível perceber com certo grau de nitidez o desenvolvimento de sua identidade, que é mantida por uma contradição até então não superada.

Na infância-que-não-teve configura-se a escrava-revoltada, que constitui o que chamou de seu *alicerce*, período de vida-que-não-foi-vivida. Assinala o começo de sua vida — sua peregrinação — quando entra na adolescência como bicho do mato, que logo se mostra bicho-humano quando começa a entender e dar significado a sua existência. Isso a leva a se identificar, então, como vingadora-briguenta, ao mesmo tempo em que se descobre filha-de-ninguém. Propõe-se trabalhar muito para conseguir poder e concretizar seu projeto de vingança, mesmo sentindo-se jogada de um lado para o outro, e vendo impedidas outras alternativas de identidade: ou escrava (que lhe impõem), ou vingadora (que deseja vir a ser). Ambas se opõem e se negam.

Não consegue superar essa contradição, nem eliminá-la.

Pode-se entender que aos vinte e poucos anos de idade começa a esmorecer. As alucinações principiam. A história se complica e sua identidade perde a nitidez.

De um lado, a vingadora permanece apenas como possibilidade. Não concretiza seu projeto por falta de condições objetivas; é um projeto alimentado apenas pelo seu desejo e sobrevive como realidade puramente subjetiva, um imaginário individual, que não compartilha com ninguém.

De outro lado, a escrava sempre se concretizando e se reproduzindo em cada momento de sua peregrinação, a despeito de seu esforço e de sua vontade em fugir dessa condição. Objetivamente, esta é a realidade que se materializa nas suas relações sociais.

Como escrava que é, sente-se revoltada por não conseguir transformar-se em vingadora; impotente, consegue apenas ser briguenta.

Ao mesmo tempo, esses dois componentes contraditórios de sua identidade se desenvolvem.

A vingadora como que se recolhe cada vez mais para um mundo imaginário, onde ela continua brigando e lutando — já não mais com as pessoas que com ela interagem — mas com seus fantasmas interiores. As alucinações são percebidas como sintomas de *encosto*; seu mundo imaginário adquire *status* de realidade sobrenatural, realidade que é legitimada e confirmada pelos membros do centro espírita, que passam a explorá-la (segundo sua visão retrospectiva).

Reduzida novamente à condição de escrava explorada, pensa ter encontrado uma saída, uma alternativa no noivado. Cria uma realidade intersubjetivamente compartilhada apenas com o noivo, um mundo quase *celestial*. Prepara-se para ser esposa/dona de casa/mãe. Objetiva essa nova identidade com o casamento: essa nova realidade já não é apenas intersubjetiva, sua concretização se dá pela inserção dessas relações no mundo objetivo da sociedade de classes em que vive, onde ocupa — assim como seu marido — uma posição praticamente marginal. A totalidade social se impõe decisivamente.

O casamento se revela uma nova forma de escravidão e o marido encarna a violência e a exploração das relações a que está submetida e que caracterizam nossa sociedade. O noivado foi apenas uma pausa, que cobriu com o véu da ilusão uma realidade que ressurge mais forte após o casamento.

Para percebermos melhor esta evolução, aqui antecipada, voltemos à narrativa que Severina faz de sua vida.

Além do que já foi dito sobre os cinco anos que durou o noivado, que mais podemos saber?

> Nesses cinco anos continuei com o centro espírita e as coisas ruins me acontecendo: os pesadelos, sempre eu tinha os pesadelos (...) cada vez mais diziam que era encosto que eu tinha, eles falavam (...) tudo o que era de mau, de ruim, eu tinha em mim, eles diziam (...) e eu acreditava, acreditava!

O relato que Severina faz desse período de sua vida é comparativamente pobre de informações, de detalhes. Dá a impressão de uma pausa, de uma trégua da vingadora-briguenta, que acaba gerando novas formas de escravidão.

O significado que *eles* (do centro espírita) davam a seu comportamento tornava *reais*, *verdadeiros* seus pesadelos; se não fala mais *em feitiço*, fala agora em *encosto*. É uma realidade socialmente compartilhada, que dava sentido ao que acontecia.

Isso inclusive determina um novo arranjo no seu quotidiano:

> Meu noivo dizia que eu tinha que ir, que tinha que frequentar: todo sábado, toda sexta; todo sábado, toda sexta; todo sábado, toda sexta; tomar passe, fazer limpeza no corpo, os banhos, as coisas, *tudo* que tinha que fazer; e o dinheiro que gastava, que eu tinha que ganhar: tinha que comprar as coisas pra dar pra eles comer — boba né? — não era boba porque acreditava mesmo (...) a gente comprava as coisas e levava pros caras do centro; meu sogro era presidente do centro (...)

A nitidez de sua identidade fica embaçada: ela, que

não confiava em ninguém, nem a ninguém obedecia, vê-
-se dirigida pelo noivo, em quem confiava piamente; ela,
que queria ganhar dinheiro para realizar seu projeto de
vingança, é induzida a gastá-lo com os *caras do centro*,
alimentá-los, ser por eles tratada e manipulada.

Retrospectivamente, a Severina-de-hoje diz que
isso era bobagem, mas corrige: como na época acreditava, não era boba. Era, de fato, iludida.

Essa condição de iludida mascara sua condição de
escrava e como que encapsula a vingadora-briguenta.

Iludida não só pelos *caras do centro* — nem principalmente — mas basicamente iludida com um novo projeto de vida, que era ser esposa/dona de casa/mãe. Um
projeto a dois, não mais individual como a da vingadora,
um projeto que, parece, idealizou junto com o noivo e
junto com ele esperava concretizar. Mas,

> (...) na realidade, no fundo mesmo, ele não era nada
> disto, porque ele viveu um mundo-fantasia (...)

Iludida por alguém que também estava iludido, é o
que ela parece querer dizer.

É curioso notar que ao descrever sua relação com o
noivo nos cinco anos que antecederam o casamento ela
diz: *era aquela coisa maravilhosa que tinha entre nós.*
Embora real a maravilhosa relação no noivado, seu desenvolvimento desvela sua base ilusória.

> (...) talvez ele gostasse de mim, e talvez goste até hoje,
> não sei — porque coração é terra em que ninguém anda,

não é verdade? — mas ele pensou que o casamento era uma coisa simples! E, outra coisa (...) eu morava dentro de um quartinho, mas dentro desse quartinho eu tinha tudo; então, acho que ele achou que já estava completa a casa; só faltava comprar o dormitório (...) então, quando ele foi com minha sogra, na minha casa, foi daí pra cá que ele antecipou o casamento; quer dizer que ele vivia com os problemas dentro de casa, o que ele ganhava — ele dizia que ganhava uma coisa e não ganhava — ele não tinha aquele ordenado que falava, o pai dentro de casa não dava dinheiro, quer dizer que o pai e a mãe castigavam, judiavam dele, judiavam modo de dizer: apertavam ele; então (...) ele diz assim: está na hora, é agora, vou me livrar deles (...) não sei se foi um tipo de fuga dele que queria ter liberdade, eu não posso entender o que foi (...)

O sentido do noivado, supostamente o mesmo para ambos, na verdade era diferente para cada um; então, não havia um projeto comum. Daí seu caráter ilusório, daí a frustração.

Aí mudou tudo, porque o que nós vivemos dentro de cinco anos... depois dois anos foi de inferno.

Se, de alguma forma, pode ser um pouco surpreendente que um noivado *celestial* evoluísse para um casamento *infernal*, o que não é nem um pouco surpreendente é que, tendo deteriorado, tenha durado apenas dois anos. Na verdade, durou muito.

Severina já advertira o noivo:

Eu contei pra ele a minha história, a minha vida, o que eu passei com meu pai e com minha mãe e eu sempre disse pra ele (...) se um dia eu me casar, eu não vou aguentar nem um terço que minha mãe aguentou; o homem não vai fazer comigo o que meu pai fez com minha mãe.

Era a vingadora-briguenta, encapsulada dentro da escrava/noiva-submissa-e-iludida, que avisava. Foi em vão.

O que eu apanhei desse cara não foi bolinho não! Eu apanhei muito! Ele batia minha cabeça no chão, como se bate um coco, tunc, tunc, tunc, tunc! Ia e voltava, ia e voltava (...) me caluniava (...) Qual o motivo? A falta das coisas dentro de casa; eu não podia abrir a boca. Eu pedia e dentro de casa o que é que entrava? Era o meu dinheiro, porque o dinheiro que ele ganhava, se ele ganhava alguma coisa, então ele acompanhava os outros, gastava tudo (...) farrista (...) não era a pinga; acho que era o tóxico, porque ele lutar comigo (...) ele era alto, ele era forte (...) ele era da cavalaria (...) das polícias especiais, ele era forte, era grande, era enorme, daquelas patrulhas (...) e ele lutava comigo! Naquela época quanto que eu pesava? 45 quilos; ele lutava comigo como se lutasse com um homem; ele me massacrava (...) eu enfrentava e saía toda quebrada (...) com a cabeça deste tamanho, boca do tamanho de um bonde, e eu enfrentava!

Severina resume aqui dois anos de casamento. No fundo, nada tinha mudado: escrava, explorada e violentada, jogada literalmente de um lado para o outro, revoltada, briguenta, insubmissa. Sua reação, novamente, é de bicho acuado, de animal que se sente preso numa armadilha, ameaçado de morrer.

Contudo, ela não acusa o marido de tê-la enganado, mentindo e ocultando, como um carrasco disfarçado. Não, esse é o caráter da ilusão recíproca com que se pode caracterizar a fase do noivado.

> Como que pode uma pessoa, um ser humano ter duas... porque eu digo, ele foi duas personagens, dois seres em um ser só, numa pessoa (...) e a transformação dele (...) talvez ele casou comigo e não era isso o que ele queria, então era um modo dele se livrar de mim, não era?

Capítulo 5

DA LOUCURA
(1ª PARTE)

Severina conta que seu marido *foi duas personagens, dois seres em um só ser*, que sofreu uma grande *transformação*. O noivo divino metamorfoseia-se em marido diabólico. Concomitantemente, as relações entre ambos se transformam. Concomitantemente, a identidade de Severina sofre mudanças, mudanças inesperadas para ela.

> Esse casamento era meu ideal, minha vida; ali eu imaginava ter um marido, um irmão (...) porque está certo eu não tinha preparo, mas eu pensava que no meu casamento era o fim do meu sofrimento; mas daí é que começou meu sofrimento; dobrou (...)

Severina recorda aí o projeto que acalentou nos cinco anos de noivado *celestial*. Nessa época sua escravidão se tornara mais suave. Até mesmo no trabalho melhorava. Ainda noiva, arranja emprego em um hospital; já não é mais *casa por casa*. A escravidão da doméstica suaviza-se e é escamoteada por um trabalho assalariado com *registro em carteira*, previdência social etc. Tanto que pudera montar o quartinho com tudo o que precisava, tanto que pudera comprar as coisas pros *caras do centro*.

À medida que sua situação econômica melhora pode ser mais roubada, mais explorada. No fundo, essa é a única explicação que encontra para o noivo ter casado com ela, em especial para a antecipação de seu casamento. Mas isto é a Severina-de-hoje falando. A Severina-de-ontem casa-se achando que *era o fim do meu sofrimento*.

> Quando eu estava com 3 ou 4 meses de gravidez, quase perdi o (filho), do chute que ele (marido) me deu e ele me jogou na parede. Eu fui pro hospital (em que estava empregada) trabalhar toda arrebentada de pancada que eu tinha levado porque (ele achava que) o filho não era dele (...) Foi daí pra cá que as coisas depois começaram a acontecer comigo, esse negócio de desequilíbrio.

O fato casual de estar empregada num hospital acaba sendo um fato extremamente relevante para o desenvolvimento de sua história, com pelo menos uma implicação altamente significativa para sua identidade: os sintomas que antes eram interpretados como *encosto* vão ser vistos medicamente.

> Estive para perder o (filho), estava ruim, ruim, ruim (...) os coágulos que caíam da hemorragia eram enormes (...) chamaram ele (marido) porque queriam fazer curetagem;

aí ele disse que poderia fazer (...) eu pedia para o (médico), pedia que eu queria meu filho, que eu não queria perder meu filho (...) fiz uma promessa se meu filho nascesse (...) foi daí pra cá que eu comecei... porque eu levantei da cama, pisei o pé no chão e eu senti a mesma coisa que eu chegar aqui na janela, pisar aqui na janela e o pé parecia que estava lá embaixo, foi daí que começou o problema e aí começou as hemorragias; então chamaram ele (marido), então ele disse que aquilo fui eu que tinha me jogado da janela pra baixo em casa, por isso tinha ficado daquele jeito, que eu era louca; então foi daí pra diante que começou o negócio de ele dizer que eu era louca (...) foi aí que eu comecei a fazer o tratamento no (hospital em que trabalhava).

Ao mesmo tempo que recebe assistência médica para evitar o aborto (*fiquei meses de repouso*), começa a receber tratamento psiquiátrico. Informa que algum tempo depois

> ... fiquei com os nervos, *tudo*, desmolengados, eu fiquei dentro da cadeira de rodas, ia e voltava, ia e voltava, porque me punha de pé eu não aguentava, eu andava ou de muleta ou na cadeira de rodas. Dois meses eu fiquei internada. As minhas carnes pulavam... que parecia que eu tinha bicha; eu falava (...) eu tenho minhoca, tenho minhoca, tenho bicho, tenho bicho; minhas carnes pulavam inteirinho, direto, todinha (...) sabe gia quando a gente mata ela, que ela fica pulando (...) aqui chama rã (...) mesmo depois de morta fica estrebuchando, então, meu corpo inteiro, até o couro cabeludo pulava (...) até negócio de hipnotismo, essas coisas, até isso fizeram pra mim.

O bicho-acuado está ferido quase mortalmente!
Estrebucha, as carnes pulam, a força dos membros desaparece.
É uma reação praticamente animal de sobreviver e preservar a cria.
Sobrevive! A cria também!
... e o bicho-humano?

> Antes, de solteira, tinha aqueles problemas (...) de espiritismo, que tinha encosto que tomou conta de mim (...) nem pensava em loucura (...) foi depois disso, que ele (marido) falou que eu era louca, falou pros médicos que eu era louca (...) os médicos acreditaram (...) e eu acreditei (...) vê o que é, é duro, é fogo, né, como que pode, o que que é a mente da gente (...) ele inventou, pra encobrir a surra (...) e daí eu fiquei louca. E fiquei! (...) Quem olhava pra mim parecia que eu era uma lelé, lelé mesmo; eu andava como uma tonta, uma biruta, e como que as pessoas conseguem, né! Ele fez minhas fichas, ele (...) falou pra todo mundo que eu era doida, que eu estava louca (...) Por pouco que eu não estava em Franco da Rocha; eu não estou e eu agradeço a isso e tenho muita gratidão ao (médico, dono do hospital em que trabalhava) (...) aquelas pessoas me ajudaram muito, ajudaram muito. O (dono do hospital) depois que ficou sabendo do meu problema começou a ajudar a mim, pelo menos nestas partes. Então, quando ele (marido) chegou lá com as fichas prontas pra me internar — não sei como ele conseguiu — só estava faltando a perua (...) então o (dono do hospital) disse que não; que eu não saía dali não, que se eu estivesse com problemas (...) eu ia ser cui-

dada lá, iam me encaminhar pro INPS (...) mas perante ele (marido) eu era uma louca e eu acreditava, como eu acreditava!

Uma nova identidade: louca, doente mental. Se não a morte biológica, então a morte simbólica!

A Severina-de-hoje reconhece que foi salva pelo patrão, o médico dono do hospital onde trabalhava. Mas, a Severina-de-ontem acreditava que era doente mental. Com ênfase afirma: *e daí eu fiquei louca. E fiquei!* Identifica-se como louca. É louca!

Tudo faz sentido. O significado socialmente compartilhado define, explica, legitima a realidade — e a nova identidade.

Quando Severina estava sendo tratada no centro espírita, o noivo confirma o encosto. Agora, tratada num hospital, o marido confirma a doença mental. E ela sempre acreditando. E agindo como tal! A realidade simbólica sendo produzida socialmente. Como afirmar a loucura num centro espírita? Como afirmar o encosto num hospital?

Loucura, destruição simbólica. Transformação de identidade.

Capítulo 6

DA LOUCURA
(2ª PARTE)

O tratamento médico salva Severina da morte biológica e da morte simbólica. Sobram sequelas, certamente.

Com o parto bem sucedido lhe é outorgada a identidade de mãe; apesar dos pesares, já era esposa. Então, tinha também que ser dona de casa, para configurar integralmente o padrão de identidade feminina: esposa/dona de casa/mãe. Além disso, mantinha o emprego no hospital; era uma trabalhadora também. A escravidão tomara formas tão variadas e sutis que permanecia velada. A vingadora continua encapsulada, comprimida.

Advertira o noivo antes do casamento que não aguentaria *nem um terço que minha mãe aguentou*. Como a mãe sofreu muito, provavelmente essa medida ainda não se completara.

Insiste em ter um lar. Ele, ela, o filho recém-nascido.

Um quotidiano que reproduz a violência, a exploração, o enlouquecimento.

> Com aqueles problemas dentro de casa, dele não pagar as dívidas, não pagar nada, o dinheiro que entrava era só o meu e era muito pouco; então ele queria que eu saísse por divina força do hospital (...) descobri que estava havendo relacionamento (sexual) entre ele e ela (moça que Severina empregara para cuidar do filho enquanto trabalhava), aí foi onde começou as encrencas (...) digo: não dá mais (...) arrumei uma senhora de idade pra ficar lá (...) aí que virou bagunça mesmo (...) e ele aí encrencando comigo, judiando de mim (...) batendo em mim, me caluniando, me tocaiando na porta do hospital, dizendo que eu tinha amantes, que eu tinha isso, que eu tinha aquilo outro (...) Azucrinava tanto que às vezes eu achava que tinha amante (...)

Ainda tem crises intermitentes; às vezes vai trabalhar no hospital, às vezes fica internada. De qualquer forma, está mais fortalecida. Afinal, o bicho-acuado ferido quase mortalmente sobrevivera; é preciso cuidar do filhote.

É surrada, mas enfrenta o marido.

> (...) então a revolta continuou; aí já não tinha dois pra matar; eu tinha três — meu marido; já tinha mais um na lista negra.

A revolta da escrava desperta a vingadora-briguenta. Mas, como anteriormente, a vingança é desejo que não se concretiza; permanece fantasia.

Prefere agir de acordo com sua identidade feminina convencional e pede a ajuda do sogro. Este interfere a favor da Severina.

> Ficou assim, do menino ir pra lá (casa do sogro) até normalizar a vida da gente (...) então eu falei pra ele (...) mas eu vou junto, pelo menos uns 15 dias, porque o primeiro filho é duro a gente deixar, já pensou separar? (...) Então eu faria isso: um dia ia pra (casa do sogro) um dia eu vinha pra (casa dela) (...) aí quando chegava na casa (casa do sogro) estava o maior banzé (...) as maiores confusões (...) no dia seguinte (uma vizinha) (...) foi correndo no meu serviço e disse: dona Severina vai lá que (seu marido) está vendendo tudo o que é da senhora, está acabando tudo o que tem dentro da sua casa, acabando com tudo (...)

Novamente vai pedir socorro ao sogro, em cuja casa acaba encontrando o marido.

> (...) foi quando ele rasgou minha certidão, né, rasgou a certidão!

Detalhe? Ou ato prenhe de significado simbólico?
O marido parece sintetizar nesse ato aparentemente tolo e inócuo toda sua intenção: destruir a identidade de Severina. Note-se que faz isso em seguida ao que uma vizinha descrevera como está *acabando com tudo* (o que é dela, o que tem dentro da casa).
Já que os médicos do hospital haviam anteriormente frustrado sua tentativa de destruir Severina, tenta de novo.

Tinha pegado o menino (filho) e tinha saído (...) foram pegar ele lá no mercadinho com a criança.

Severina sem filho deixaria de ser mãe...

Falou pro meu sogro que não era pra eu entrar mais lá (casa do casal); disse que era pra eu entregar a chave; queria, porque queria a chave da casa.

Severina sem casa deixa de ser dona de casa...

Daí meu sogro diz, dá Severina, dá essa chave.

Severina sem marido já não é esposa...

 Era no outro dia pra mim ir lá (na casa do casal) buscar o resto da minha roupa (...) Fui, quando cheguei lá (...) entramos no corredor (acompanhada de um casal vizinho ao qual pediu ajuda), ele veio pra me agarrar (...) o (vizinho) se atracou com ele (...) saí (...) pra ir embora (...) vem a (outra vizinha) correndo: *dona Severina, vai lá, vai lá, vai correndo, acuda, ele está tacando fogo em tudo que é da senhora*, aí ele acabou mesmo (...) tacou fogo em tudo (...) eu fiquei só com algumas roupas que tinha na casa do meu sogro e o que eu estava vestindo no corpo; fiquei sem nada (...) todo mundo diz que aquele álcool não era pra tocar fogo naquilo; ele ia tocar fogo em mim (...) como ele não conseguiu, ele queimou minhas coisas; aí que danou mesmo, aí que acabou com tudo mesmo (...) aí ele sumiu seis meses (...) mas nestas alturas eu já estou no auge da... coisa, né, porque aí eu já não trabalhava mais, eu trabalhava uma semana, uma semana eu ficava internada; eu trabalhava uma semana, uma semana eu ficava internada; (...) onde ele me encontrava ele me espancava, na época eu andava como uma biruta e na casa do meu sogro (...) aí eu fiquei um ano morando na casa do meu sogro (...) o (meu marido) por pouco, por pouco, teria me destruído completamente!

De fato, quase a destruiu completamente. Desde quando começa sua *peregrinação*, Severina tem o trabalho como missão, vendo-o como meio para poder realizar seu projeto de vingança. Na sua história, desde a infância-que-não-teve, o trabalho é uma presença constante.

Foi aí que, quando eu não tinha mais condição de trabalhar — e ficando internada, e ficando internada — foi quando me puseram na caixa (INPS), me encostaram na caixa; me encostaram na caixa e eu fiquei na caixa, e como que eu ia viver?

Não é mais trabalhadora, ela que antes dos 11 anos já madrugava para encher de água os barricões dos fazendeiros, a rendeira cujo trabalho era pior que escravidão.
Escrava-encostada, inútil, inutilizada.
Os médicos a salvaram da morte. Continuar cuidando dela talvez seja difícil, talvez seja antieconômico. Dentro da racionalidade capitalista a melhor solução é aposentá-la; afinal, trata-se apenas de uma escrava inutilizada! O risco de tornar-se uma doente mental crônica é inevitável para uma escrava inutilizada. Dane-se! Já foi salva uma vez quando o problema era agudo. Saúde é uma

mercadoria muito cara, dispensável para uma escrava.
Nem mesmo escrava consegue mais ser!
Que resta?
Ser mãe; sim, ainda havia o filho.

Nesse entremeio, ele (marido) começou a azucrinar minha sogra, pra minha sogra pegar a tutela do menino. Ele queria; porque eu não saía com o menino, eu não podia sair com o menino; eu saía com o menino e quando encontrava com ele, fazia eu voltar pra casa e entregar o menino outra vez, devolver o menino. Não podia sair com o menino de espécie alguma de dentro de casa (...) Meu sogro mais moderado (...) Minha sogra ficava fustigando (...) ficava do lado dele, lógico (...) Um dia meu sogro foi comigo no Juizado (de Menores) e ele (marido) foi junto (...) mas eu fui porque meu sogro diz: *vamos Severina porque precisamos resolver esta coisa direita, pra ver o que a gente vai fazer* (...) mas não falou nada de tutela, que eu tinha que dar a tutela do menino pra ele (sogro) (...) quando chegou lá, ah! ouvi tudo que podia imaginar; ele (marido) falou pra advogada (*sic*) que eu era uma indigente, que eu era uma prostituta, que eu abandonei o filho, que eu abandonei ele, que eu abandonei a casa, que eu abandonei tudo, e falou, e falou, e falou (...)

Um observador externo diria que estava montado o cenário ideal para um complô. Não é bem o julgamento que a Severina-de-hoje faz, especialmente quando preserva a figura do sogro. De qualquer forma, não fosse a defesa eloquente e apaixonada que Severina fez de si poderia perder a tutela do filho. Termina dizendo à advogada

(*sic*) do Juizado de Menores:
>Até o último momento que eu tiver de vida, dia de vida, eu quero assumir esta responsabilidade; é meu filho, a única coisa de bom que eu tenho até hoje é meu filho; eu vou dar? (...) eu digo: doutora, nem os bichos, nem os animais dão seus filhotes, agora eu vou dar? E quando meu filho crescer o que ele vai achar de mim?

Não perde o filho. Conserva sua identidade de mãe. Alguma coisa se salvou: *por pouco, por pouco, teria me destruído completamente.*

>Quando eu cheguei em casa, minha sogra estava toda feliz, pensando que eu tinha dado, de papel passado, o menino, a tutela pro meu sogro... quando cheguei em casa e não tinha nada ajeitado, ela fechou a cara comigo (...) passou dois dias (...) meu sogro falou pra mim: *ói Severina, você faz assim, você arruma um lugar pra ficar* (...) *porque aqui não vai ter mais condições de você ficar, ajeita sua vida, deixa o menino aí, que a gente toma conta do menino* (...) Ai! que me deu mais revolta, deixar meu filho, deixar meu filho ali, sozinho; ai! que eu tinha vontade mesmo de acabar com a vida do (meu marido), da mãe dele, de todo mundo, daquela raça inteira...

Não perde o filho? Conserva sua identidade de mãe? Alguma coisa se salvou?

Capítulo 7

QUE CONTA COMO SEVERINA TENTA SAIR DO ZERO: UM OUTRO *OUTRO*

Daí fiquei a zero (...) eu fiquei a zero (...)

Severina faz um balanço desolador de sua vida. Se alguma coisa se salvou foi coisa pouca; de importante, sua vida e a do filho. Sempre pode recomeçar.

A tutela legal do filho está salva mas, de fato (ainda que não de direito), sua guarda e seu cuidado cabem a seus sogros: até a companhia do filho lhe é tirada. Pode visitá-lo de vez em quando. É mãe, mas mãe-de-visita!

O trabalho também está perdido. Sua *doença mental* a afasta do emprego. É trabalhadora, mas trabalhadora-na-caixa!

Escrava inutilizada, de fato uma ex-escrava. Também é ex-esposa e ex-dona de casa. Tudo lhe foi tirado, roubado, espoliado, destruído. Como isso pode ser dito em termos positivos? Em vez de afirmarmos o que **não** era, o que era ela?

Doente mental, oficialmente, com laudo médico e tudo mais. Recebe uma pensão para se manter viva e reproduzir sua identidade de doente mental, encarnação, concretização da destrutividade de uma sociedade desumanizadora. Seu ex-marido apenas foi mais um dos muitos instrumentos dessa destrutividade, embora tenha sido um dos principais, no caso particular de Severina. Ele próprio também sofre os efeitos dessa destrutividade. Ex-noivo perfeito, tem a mesma sina de Severina. Está desempregado, sumido pelo mundo, enlouquecendo cada vez mais: algoz e vítima a um só tempo!

Mas, Severina é quem tem a palavra.

> Foi duro... eu vim morar... pedir na antiga casa que eu morava antes de eu casar, dos portugueses (...) quando chego lá não tinha lugar pra mim ficar; onde que eu ia ficar? (...) Então fui falar com (outra mulher que aluga quartos na proximidade) (...) não tem lugar pra mim ficar (...) Onde que eu vou ficar agora? (...) Aí então ela (a mesma mulher) tinha um banheirinho, não sei por que razão eles fecharam aquele banheirinho, taparam tudo (...) sabe esses banheirinhos de pensão, uma coisa muito pequenininha? Então ela diz: *olha, o único lugar que tem é este banheirinho, se você quiser ficar aí, fique* (...) Então eu disse: tudo bem (...) Arrumou uma cama velha (...) pediu um colchão pra negrona que tinha lá (...) tinha (uma antiga conhecida) na outra pensão (...) que me arrumou um cobertorzinho, uma colchinha que eu forrei e

fiquei ali. E comer? (...) arrumei de comer no (hospital em que trabalhou) até receber o primeiro pagamento (do INPS) (...) depois ainda me deu infecção nos rins, que eu urinava sangue, de nefrite, urinava sangue que nem uma doida. E as mulheres *tudo* dali, nossa! Elas olhavam pra mim, porque não sabiam donde que eu vinha, pensavam que eu era um bicho qualquer, uma mulher da rua e eu fui cair na bobagem de falar pra outra que eu estava com problema de urina, que estava urinando sangue, virgem! (...) Foi fogo naquele pedaço ali pra mim; e eu ali; mas eu sempre com as minhas vinganças dentro de mim, com a minha raiva, com a minha bronca; eu tinha que me vingar do (meu marido), tinha que dar um jeito na minha vida. Mas como? O único modo que eu poderia me vingar dele: ou matando ele ou o centro, ou macumba, né?

A vingadora-encapsulada retoma seu lugar. É ela quem vai dar forças e sentido para esse ser quase destruído completamente.

Que alternativa lhe restava, se até escrava não era mais? A única coisa que não lhe tinha sido tirado era o projeto de vingança. Se lhe tirassem, talvez fosse a última coisa a ser tirada antes de perder a vida!
O projeto é reformulado e ampliado. Não mais só o pai e a amante, nem prioritariamente. Primeiro o marido. Mas como? Antes é preciso manter-se viva, sobreviver.

(...) (uma mulher) que hoje já faleceu me deu uma espiriteira; (outra mulher) deu uma caneca, essa caneca está tudo quebrada, mas eu guardo até hoje isso aí, está guardado e é naquela espiriteira que eu faço um pouco de café, alguma coisa assim; comprava pão, vivia de pão e água e quando tinha café ou chá ou qualquer coisa assim; e no INPS, e brigando com o INPS, brigando com a turma do INPS — nunca esqueço um dia que (um médico) falou pra mim assim, que ia me pôr dentro de uma camisa de força (...)

O médico do INPS talvez não entendesse. Pensava que estava tratando *de* uma doente mental, mas estava era tratando *com* uma vingadora-briguenta...

Pensa voltar a ser escrava-útil. Mesmo que recomece *casa por casa*.

Nessa confusão toda que eu estava, e sem dinheiro porque o que eu recebia era muito pouco, não dava (...) Foi nessa época que eu comecei a procurar emprego (...) Estava no maior desespero, morando num lugar que só tinha ladrão; à noite — tem um terracinho e meu quarto ficava do lado — à noite via eles contar *um pra mim, outro pra você, um pra mim, outro pra você*; as mulheres, de manhã, elas ficavam dentro de casa, à tarde, elas saíam, iam pras lojas (...) tinha um tal de C., muito falado, muito afamado, famoso; mataram ele, estraçalharam com ele. Esse C. morava lá, e quantas vezes a mulher dele não me deu comida! (...) eu estava no foco dos maconheiros e dos ladrões e não tinha pra onde ir, porque não tinha condição.

Dentro de certos padrões mais convencionais, é razoável supor que teria dificuldades em arranjar emprego.

Se alguém fosse fazer uma descrição de sua identidade na época, quem era ela? — Uma *doente mental*, que estava *na caixa* do INPS; moradora num local suspeito, onde ela mesma era suspeita; só, sem família, nem amigos, vinda não se sabe de onde; quase maltrapilha, faminta. Aparência muito pouco recomendável. Mas, talvez apenas aparência.

Consegue emprego na casa de um casal, onde ganha um pequeno salário, comida etc.; continua morando no *foco*.

> Como eu sempre falo pra todo mundo, eu digo: com toda sinceridade, com toda lealdade — isso eu tenho gravado dentro de mim — como eu encontrei (esse casal) naquela época, eu poderia ter encontrado outras pessoas; porque se eu não tivesse encontrado (esse casal) acho que hoje eu estaria na sarjeta, porque naquela época eu estava no maior desespero (...) por pouco, por pouco (...) através (desse casal) que, como é que se diz, minha vida, como é que se diz, voltei ao normal, comecei a normalizar de novo.

Começar de novo! A Severina-de-hoje valoriza muito a oportunidade que teve, mas como pensava, sentia e agia a Severina-de-ontem?

> (...) eu estava tão transtornada, tão biruta, meio pirada como era, né... quase (...) lá eu não trabalhava, só aprontava lá dentro (*risos*). O que eu fazia? Fazia uma coisa boa e três ou quatro ruins... só aprontava (...) vêm os problemas (...) eu chegava lá mas não estava contente, che-

gava lá, em vez de trabalhar, quantas vezes eles chegavam em casa e não tinha nada pronto pra eles comer (...) a verdura encharcada numa panela de pressão (...) arrumava a casa: um dia quando eu queria arrumava, quando não queria não fazia; bagunçava, né; eu tinha muita... coisa... sabe com quê (*risos*) por uma estante! eu queria ver não sei, não sei o quê (...) eu queria ler e se não me engano eu tenho até hoje um livro dele comigo (*risos*) (...) Eu ficava com uma bronca, com uma raiva, quando eu chegava lá — e principalmente se chegava lá — e principalmente se chegava lá e queria arrumar o quarto, ele estava dormindo! Eu não me conformava de chegar lá e o homem estar dormindo, o patrão dormindo. O que eu fazia? (*risos*) Então chegava na sala e eu deitava também, dormia. Quantas vezes eu não fiz isso, quantas vezes eu chegava e ia dormir. Ah! esse homem dormindo aí, eu não posso limpar nada — não podia limpar porque eu não queria, né!

É preciso deixar de só ouvir a Severina-de-hoje e prestar atenção a todos seus gestos, suas expressões faciais e corporais; toda sua conduta deve ser observada quando narra esta fase. Suas palavras falam de uma Severina-de-ontem amarga, com raiva, com *bronca*, que só apronta. É a vingadora-briguenta negando a escrava-revoltada. É um *outro* da empregada doméstica, aparência sob a qual se manifesta a escrava. Mas, a expressão (mais que as palavras) da Severina-de-hoje revela uma terceira *personagem*, um outro *outro*.

Os risos quase o tempo todo — uma certa ternura — que se percebe neste momento da narrativa desvelam um outro *outro*. É uma criança traquina, um moleque endiabrado, turbulento e travesso, que quer falar. Falar da bagunça que faz, das confusões que arma... puerilidades, criancices!

É uma complicada dialética: a vingadora, que nega a escrava, é negada pelo moleque, que é ela mesma. Rompe com a *mesmice*: vingadora/escrava, escrava/vingadora. Ela é ela-mesma, transformando-se. Se não é uma superação, tende para isso.

Aparentemente, ao *aprontar*, estava realizando o mito da vingadora; mas, em essência, concretiza-se numa metamorfose, cronologicamente tardia, em que vem a ser criança, uma criança endiabrada talvez, mas o moleque que não teve a oportunidade de ser. Uma alternativa que lhe foi negada no passado, na infância-que-não-teve. Uma trilha não percorrida, um caminho que não pode tomar. Um outro *outro*.

Capítulo 8

ONDE SE VÊ UM MOLEQUE PODENDO SER MOLEQUE E POR ISSO DEIXANDO DE SER MOLEQUE

O moleque se manifesta às ocultas. *Apronta* quando o casal não está em casa ou o patrão dorme. Se for castigado? E a violência? Ah! essa velha conhecida que persegue Severina a vida inteira. E se for de novo jogada pra rua, jogada de um lado para o outro? Casa por casa...

O moleque precisa ser tolerado, aceito, reconhecido, talvez até amado. Precisa de condições objetivas. Só se é alguém através das relações sociais.

O indivíduo isolado é uma abstração. A identidade se concretiza na atividade social. O mundo, criação humana, é o lugar do homem. Uma identidade que não se realiza na relação com o próximo é fictícia, é abstrata, é falsa.

O moleque precisa ser moleque.

Outra pessoa não me aturaria não! Outras pessoas que eu tivesse conhecido, outros patrões, não me aturariam (...) Porque eu tinha tanta bronca de mim... não! Não é bronca de mim: eu tinha bronca de todo mundo, da vida, de todos, eu tinha raiva de tudo! Eu não me conformava de eles chegarem, deitar, dormir, descansar, e eu ter que trabalhar... e ela tinha muita paciência comigo — tanto ela como ele! Eu não penteava cabelo, sabe? De vez em quando ele prometia me dar um pente (*risos*) dar um pente pra mim... coitado! Chegar na cozinha, a cozinha não era muito grande, cozinha de apartamento, uma mulher com um assanhamento no cabelo, essas *bregas* do tamanho de um bonde, cozinhando, o que ele ia imaginar, o que ele ia achar... (*risos*). Como que eu posso dizer? A gente está brincando assim, falando tudo assim, mas se analisar profundamente, aquela fase pra mim não foi brincadeira, não foi brincadeira. Não foi e digo: pra eu voltar no normal, porque, quer dizer que eu estava trabalhando, né? Trabalhava, estava trabalhando... trabalhando: fazendo hora lá! (...) Eles tiveram muita tolerância comigo, porque eu aprontei muito, eu aprontei muito, tudo eu queria pra mim, achava que queria pra mim (...) se fossem outros patrões não aguentariam (...) aguentaram tudo isto de mim, quantos anos eu trabalhei lá? (...) de 1968 até 1971, quatro anos.

O moleque pode ser moleque.
É aturado, aceito, tratado com paciência e tolerância — pode até manter a aparência de bicho do mato, cabelos assanhados sem pentear — isso é motivo para brincadeira:

não é punido e pode até ganhar coisas que o deixem com aparência mais civilizada! É talvez aquele mesmo bichinho que em Salvador disse: *era a coisa mais gostosa comer pão!*

> Já estava mais equilibrada, quer dizer, equilibrada moralmente; financeiramente continuava ruim, mas pelo menos eu já estava ganhando, eu já tinha onde comer: porque eu comia, eu almoçava, eu tomava café de manhã; eu ia trabalhar sem café e ia tomar no serviço; eu almoçava, eu jantava; muitas vezes, a comida que sobrava eu trazia pra mim jantar, porque quando eu cismava que eu vinha embora, eu largava tudo e vinha embora, eu largava tudo e vinha embora (...) o apoio que eu tive (do casal)... eles me deram muito apoio, me deram (...)

Podendo ser moleque, sua situação começa a ter novo significado. Descobre que *estar na caixa* pode ser uma vantagem. Recebe a pensão do INPS e o salário de doméstica; no emprego é alimentada, tolerada, apoiada pelos patrões.

Periodicamente, deve se submeter a exames médicos no INPS para verificar se continuava ou não *doente mental*.

> Já estava melhor (...) estava com medo (...) e eu consegui (...) falei que eu não estava bem (...) ele (médico) perguntava com quem eu tinha ido, com quem que eu não tinha ido, foi aquela confusão todinha comigo, no fim ele me deixou mais um ano (...) depois mais um ano (...)

Que molecagem! Enganar o médico que tratava dela! Porém, se o médico se enganava agora, será que não se enganara anteriormente? De qualquer forma, continua por um ano *doente mental* oficialmente, declaração que foi renovada por mais um outro ano, depois várias vezes, até ela ser definitivamente aposentada: *doente mental*, incapaz, de direito. Inutilizada não era mais. Volta a ser escrava-útil e o INPS não descobre.

É preciso sempre lembrar o significado real da situação de Severina, e não o aparente. Caso contrário, fica ilógico: Severina tinha parado de trabalhar no hospital porque se tornara uma *doente mental*. Logo, o desejável seria que quisesse deixar de ser *doente mental* para voltar a trabalhar. Contudo, está trabalhando e tem medo de não ser mais declarada *doente mental*; chega até a enganar médico do INPS. Certamente, para Severina, deixar de ser doente mental era continuar sendo declarada *doente mental*, não voltar para o mundo que a enlouquecera, e ficar naquele refúgio onde de vez em quando podia fazer *molecagens*.

O próprio fato de voltar a trabalhar dá a impressão de algo ilógico — pelo menos do ponto de vista da lógica vigente no mercado de trabalho. Vamos supor que se tivesse recorrido a um especialista em recursos humanos neste episódio. Imaginemos Severina sendo submetida a uma seleção de pessoal por um psicólogo especializado típico. Provavelmente, nunca teria sido admitida dentro dos padrões convencionais. Absurdo, erro técnico crasso aprová-la numa seleção criteriosa. Continuemos imaginando; supondo que, por falta de critérios *racionais* na seleção ela tivesse sido admitida; qualquer especialista em administração de pessoal, fazendo uma avaliação do seu desempenho, não teria a menor dúvida em demiti-la. Não continuaria no emprego; seria ilógico, irracional para um especialista em recursos humanos que pense pela lógica da ideologia dominante. Com certeza, se não fosse demitida e continuasse no emprego, por qualquer motivo, não teria aumento de salários.

> Eu mudei (de onde morava) (...) porque lá foi despejado (...) o homem recebia da gente, mas não pagava o aluguel para o proprietário (...) arrumei um quartinho (em outra casa de cômodos) (...) só que era um pouquinho mais caro (...) Foi quando falei com meus patrões e foi aí que eles me ajudaram e aumentou um pouco mais meu ordenado.

Nosso imaginário especialista em administração do pessoal estaria horrorizado. Que absurdo! Que falta de lógica e de critério!

Graças a esses absurdos e ausências de lógica e de critério, Severina vai deixando de ser moleque e vai podendo assumir sua condição de mãe.

> Meu filho continuava com meu sogro; (...) o que eu ganhava tinha que dividir pra ajudar meu sogro (...) eu tinha que ir de 15 em 15 dias lá visitar, que eles puseram — não foi o juiz que pôs — eles mesmos que puseram que era de 15 em 15, mas mesmo assim eu quebrava a coisa e ia no meio da semana, quando dava pra mim ir eu ia visitar, mas sempre com os mesmos problemas, com

as mesmas confusões (...) Apoio deles (sogros) eu não tive nenhum; do meu sogro ele podia querer ter vontade de dar, mas ele não dava, não dava, pra não brigar dentro de casa (...)

Na verdade, o emprego é um refúgio, uma ilha. Fora, continua explorada, violentada.

Depois que vim morar (no novo local, após ser despejada do banheirinho) começou a melhorar mais as coisas pra mim, que eu levava mais dinheiro, porque eles (sogros) não davam nada, nada, nada — dizer que faziam as coisas pra meu filho não! Tudo era eu que fazia. E a ajuda desse casal (patrões), sempre me ajudando, que, ai de mim se não fossem eles, ai!

Ainda que um refúgio o emprego não é uma situação irreal, fantasiosa. É uma realidade objetiva. Ganha dinheiro, comida, ajuda, apoio. Novas relações sociais se estabelecem. Começa a interagir com pessoas com outros valores. Talvez até pudéssemos dizer um *gueto* discrepante de tudo que Severina encontrara até então (confirmado pela suposta observação que um imaginário especialista em administração de pessoal faria do emprego de Severina). Assim como a violência, a exploração se concretizou ao longo de toda sua vida, encarnando-se, sintetizando-se na sua revolta e na sua loucura. A tolerância, o apoio, a ajuda, certamente, produzirão outros resultados. Porém, leva algum tempo, não é feitiço, nem encosto de espírito bom. É um processo humano, social, histórico.

A revolta continuava dentro de mim, a única coisa que eles (sogros) queriam de mim era dinheiro e dinheiro eu não tinha. Eu parava de ir (visitar) porque não tinha dinheiro pra dar. Os lugares que eu ia (morar) eram muito pequenos (quer dizer: não dava para abrigar também o filho) (...) Foi a época mais massacrante pra mim pela minha sogra (...) quando ia lá, um pedaço de pão eu não tinha, não tinha nada; (...) saía (...) meu filho ficava chorando (...) porque eu vinha embora; eu não tinha condições (de levá-lo) e não podia dormir lá.

Transição difícil. Já não é mais tratada como escrava, mas objetivamente ainda é. Quer morar num lugar maior, ter seu *canto* e permanecer com o filho e não consegue. Isso sugere um novo projeto: arrumar um trabalho em que ganhe mais e arrumar uma moradia em que possa acomodar o filho. Com isso, deixaria de ser explorada pelos sogros e sua revolta se reduziria.

Quer deixar de ser moleque para poder ser mãe. A escrava e a vingadora ainda sobrevivem.

Capítulo 9

EM QUE INESPERADAMENTE SURGE UMA MANICURE NA VIDA DE SEVERINA

Eu já estava bem, estava, estava, estava bem melhor do que eu estava, eu estava assim, quer dizer, de trabalhar; já tinha noção das coisas melhor, já tinha outro pensamento, mas foi pelo alicerce, pelo que eu ganhei, pelo que o casal fez pra mim, pelo que a família fez pra mim, quer dizer, que eles me deram bastante apoio (...) Eu tive a grande boa sorte de sair de uma casa boa e ir pra outra casa boa. A (nova patroa) foi muito boa, muito boa mesmo, muito, foi ótima pra mim, sou muito grata a ela.

O casal que a empregara anteriormente muda-se para um bairro distante. Severina também vai mas, no fundo, parece querer continuar no mesmo bairro, próxima de onde mora. Não diz, mas é razoável supor que, mesmo confusamente, ensaia novos planos, novos projetos.

Houve... eu não sei o quê... Foi por causa de falta minha, eu estava faltando muito no serviço. Tinha vez que eu faltava até oito dias. Eu não vinha trabalhar. Uma vez era por causa duma coisa, outra vez era por causa de outra, eu não sei, não entendia porque eu não vinha... ficou longe, tudo, mas... não era tanto por longe.

Os patrões lhe arrumam outro emprego, na casa de amigos que moram no antigo bairro, que dispensam a Severina tratamento semelhante.

Eles também foram um casal que me ajudou bastante (...) Ela ficou grávida e eu digo: eu, não vou trabalhar em casa que tem criança, não vou, não vou ficar aqui. Um dia, não sei por que, me deu na bola querer me arrumar... eu fui na escola (de manicure) com uma amiguinha do prédio (onde trabalhava) e eu fui fazer as unhas (...) Que bacana! Eu sempre tinha vontade de fazer curso de manicure, sempre eu tive, toda vida. E então eu perguntei pra mulher como era, como que eu podia fazer (...). No dia seguinte falei com a (nova patroa) se eu poderia fazer o curso (...) Oh! casal legal, bacana toda vida (...) Então aí eu comecei (...) quer dizer que eu já tinha um objetivo, já tinha alguma coisa dentro de mim, eu ia trabalhar por minha conta, não ia mais ser empregada de ninguém (...) Pensava: não vou mais ser escrava de ninguém e vou trabalhar por minha conta! Sabe, no fim, eu sou escrava de mim própria, não é gozado? É pior ainda (...) tem que assumir aquela responsabilidade.

O projeto vai tomando corpo. A escrava finalmente parece ter encontrado uma saída, não mais ser empregada:

não vou mais ser escrava de ninguém, escrava de mim própria. Até estas alturas, quem poderia imaginar que Severina *sempre tinha vontade de fazer curso de manicure, sempre (...) toda vida?* Surpresa! Novidade!? Mil saídas...
Os novos patrões propiciam condições objetivas e Severina se envolve num novo papel: aluna de escola de manicure. O moleque *tomou juízo*, vai para a escola, vira aprendiz, tem planos razoáveis. Severina não menciona os velhos planos de vingança. Talvez estejam guardados lá no fundo, mas no momento estão arquivados. Agora tem um objetivo; o moleque vai libertar a escrava; para isso, o moleque deve deixar de existir: se faz aprendiz, prepara-se para uma nova inserção no mundo do trabalho, uma forma diferente de participar do mercado de trabalho. Prepara-se para *assumir aquela responsabilidade*.

Demonstra uma consciência mais clara da realidade: *já tinha outro pensamento*. Intuitivamente percebe que suas relações sociais, em última análise, são determinadas pela posição que ocupa no mercado de trabalho. Ainda há um certo idealismo utópico ao sonhar não ser mais *escrava de ninguém*.

Objetivamente, sua vida se transforma. A aprendiz vira manicure. Deixa de ser empregada doméstica. Algumas dificuldades iniciais inevitáveis e compreensíveis.

> Uma senhora lá me arrumou umas clientes (...) duas horas no pé, uma hora e meia na mão. Mas mesmo assim, as mulheres tinham paciência de me aturar 3 horas, 4 horas e lá vai pedrada, pra fazer um pé-e-unha! (...) Aí eu já estava mais um pouquinho raciocinando:

não tem condição dos outros ficarem me aguentando (...) A única família (cliente) na época era essa senhora (a primeira mencionada). Ninguém me conhecia, não conhecia meu serviço, não sabia quem eu era, ninguém queria. Então eu fiquei com aquelas meninas lá da boca, do La Licorne, do Big-Ben, tudo de boate (...) aquelas meninas ali (...) mocinhas, tudo menina da bagunça (...) Quantas vezes eu não saí dali chorando! E quando elas me castigavam? (...) Aí que foi duro, foi fogo! Mas a (*primeira cliente de família*) me apresentou outras fregueses (*de família*) (...) aí eu fui em frente.

Seu aprendizado foi caro; além de pagar o curso na escola de manicure, sujeita-se temporariamente a ser explorada, sofrer violências, mas foi em frente.
Objetivamente sua vida se transformou.
E subjetivamente?

Mas não se preocupa que as broncas continuam dentro de mim, as raivas, as bagunças, as brigas, as confusões, tudo continua (...) tinha (uma vizinha), nós duas éramos como o cão e o gato, uma não podia ver a outra (...) sempre tinha uma vítima para mim, sempre tinha alguém em quem eu queria descarregar minha raiva, minhas revoltas (...)

A metamorfose ainda não está completa: o bicho trocou de pele, perdeu alguns tentáculos, desenvolveu alguns órgãos, mas seu funcionamento básico permanece o mesmo. A vingadora-briguenta ainda se esconde atrás da manicure, ainda atua dissimulada.

Severina dá a mesma impressão que certos adolescentes: exteriormente parecem adultos, mas interiormente ainda são imaturos, egocêntricos, inconstantes. Duplicidade, divisão, conflito.

Capítulo 10

EM QUE SEVERINA ENCONTRA UMA DESCONHECIDA ATRAVÉS DE QUEM CONHECE UMA ORGANIZAÇÃO BUDISTA

A manicure Severina vai procurar uma cliente com quem marcara hora, num casarão no bairro da Liberdade. Não a encontra. É atendida por uma desconhecida que explica que a cliente não está.

Um encontro casual, mas que acarretará consequências inesperadas e decisivas.

Ela (a desconhecida) estava de porta aberta; eu bati na porta dela e perguntei pela (cliente). Ela diz: *a (cliente) saiu, mas ela volta logo*. Ela diz: *o que a sra. faz?* Expliquei o que fazia. Ela disse: *entra e espera um pouquinho*. Aí eu vi o oratório (...) achei bem interessante, bem interessante aquilo. Eu perguntei o que era aquilo. Tudo escuro, madeira escura (...) Aí ela explicou que era uma organização (budista), que ela pertencia a essa organização, que era muito bom e tudo (...) inclusive ela estava ensinando a Sutra pra uma moça. Sutra é o livrinho sagrado (...) Ela disse: *você não quer assistir uma reunião?* Eu digo: *tudo bem*. Aí ela me deu um livro, mas eu não sabia ler direito, quer dizer, eu lia alguma coisa, lia por ler, mas entender era a mesma coisa de nada (...)

Um convite: *você não quer assistir uma reunião?*
Uma resposta: *tudo bem*.
Eis os fatos. Porém, qual seu significado? Impossível alguém saber; precisamos perguntar a Severina. Quais seus desdobramentos? Impossível adivinhar; precisamos aguardar o tempo passar.

Por ora, Severina apenas nos conta como se aproxima da organização. Nesse momento, talvez, nem mesmo ela saiba responder a essas perguntas.

Então ela me deu um exemplo (...) se tem um doce (...) eu digo pra senhora: é gostoso. Mas, se a senhora não provar esse doce a senhora não vai saber se é gostoso, se é bom. Então é que nem a organização. A senhora tem que provar, tem que praticar para a senhora sentir.

Como descobrir de que se trata? Severina parece curiosa, quer provar o doce.

A catequista inicia seu trabalho; procura conhecer Severina, saber de sua vida; se tem algum problema. Severina satisfaz a curiosidade da moça, inclusive fala de um problema recente que também nós ainda não tomamos conhecimento.

> O dono (*sic*) da casa (onde Severina subloca um quarto) não pagava o aluguel (...) todos os lugares que eu vou, que eu ia, os caras me jogavam pra fora, desde o começo, desde criança, sempre me jogando, me despejando, sempre eu estava na rua (...)

Repete-se a situação anterior. Está na iminência de ser despejada; precisa de ajuda com alguma urgência. Não tem ninguém, nem patrão, a quem recorrer: é manicure, trabalha autonomamente, ganha pouco, incluindo o que recebe do INPS.

> Então, ela disse pra mim: *a senhora começa a praticar, a pronunciar a (oração budista)*. Então eu disse pra ela: *tudo bem*. Então ela disse: *vem aqui assistir* (uma reunião em que se reza coletivamente 2 ou 3 horas seguidas). Então eu cheguei, entrei, sentei, fiquei, e ali começaram rezar, rezar, rezar. Ai! dormi tanto nesse dia, dormi tanto! (...) Depois ela me incentivou muito.

Severina espera ajuda. A situação ainda não parece fazer muito sentido para ela. Participa mecanicamente de rituais. Sua conduta é meramente ritualística. Uma expectativa mágica talvez. Um milagre, um feitiço. Talvez, quem sabe?

> Ela (a catequista budista) disse: *Virge! mas a senhora tem problemas, não? Então a senhora tem que resolver*

o primeiro problema (...) precisa fazer bastante (oração budista); mas a senhora começa com dez minutos fazendo sempre pro lado do Sol nascente e pedindo pra o Deus do Universo ajudar a senhora a solucionar, resolver — que meu primeiro problema é resolver, arrumar um lugar pra mim morar. Então aí comecei a praticar; não sabia direito... eu fazia tudo errado.

Que importa que faz errado! Faz com fé, esperança, supersticiosamente! Envolve-se. É um novo aprendizado. Começa a participar de um grupo completamente diferente de tudo que já conhecera antes.

Busca outras informações, por via das dúvidas.

Tinha uma senhora (...) japonesinha que morava lá em casa, nos fundos. Aí eu fui pra ela e falei é assim, e assim. Ela disse: *ai filha! É muito bom essa religião, é das primeiras, é antiquíssima, antes de Cristo, antes de Cristo, essa religião é muito bom!*

As referências são altamente positivas. Severina não tem outra fonte de ajuda. A moça catequista foi tão acolhedora, orientou-a, ensinou-lhe como se dirigir ao Deus do Universo. Precisava resolver seu problema de moradia. Afinal, rezar é um sacrifício bem menor do que aquele que teve que fazer para começar a praticar no seu aprendizado anterior de manicure. Não se sente explorada, nem violentada. Por que não?

Aí eu comecei praticando e me aperfeiçoando mais (...) ela vinha sempre na minha casa (...) como ela sempre explica pra gente que dentro da organização é isso: eles dão o anzol, ensina a gente pescar né, ensina a pescar mas o peixe não dá não! Então, tem que ser tudo da gente, pela gente. Então a primeira coisa que nós temos que fazer é fazer a nossa própria revolução humana, transformar a gente.

Na época, talvez não entendesse muito bem, mas já começa a conhecer a organização.

Eu era uma pessoa que condenava muito os outros, eu via muito os defeitos dos outros (...) ela sempre me reeducando nisso. Ela dizia pra mim: *antes da senhora apontar os demais, o dedo, a senhora vire pro interior da senhora* (...). Eu digo: *isso é muito estranho, não? Esse negócio de só a gente ter defeito! Os outros não têm defeito!* (...) *Sofri tanto, pastei tanto, só vivo pastando e só eu que tenho defeito!* Aí ela voltou e disse pra mim outra vez: *Tudo que a senhora sofreu e está sofrendo foi causa do passado, a senhora mesma plantou; então hoje a senhora está colhendo o que a senhora plantou* (...) Ahhh!! me deu uma bronca, fiquei com uma raiva da mulher na hora. Digo: *disgranhenta, além de tudo ainda eu plantei apanhar, comer o pão que o diabo amassou com o rabo.* Eu falava pra ela: *e ainda eu que sou ruim?* — *Sim senhora, a senhora é que é!* Ela foi dura comigo, sabe (...) Comecei muito rebelde.

Severina progressivamente vai sendo levada para um novo universo de significados. A realidade começa a ser interpretada de forma muito diferente. Não é mais o mundo dos feitiços e dos encostos. Nem é também o mundo da loucura e da doença mental. O discurso se modifica e novos significados começam a emergir.

É importante verificar que, se ainda se rebela, já ouve, reflete. Talvez, algum tempo atrás, não tivesse a menor condição de assimilar qualquer coisa parecida com o que lhe é dito nesta ocasião. Até uma certa fase, todo mundo é ruim para ela, talvez a única exceção seja a mãe, que foi destruída pelo pai; daí pra frente, sua memória é só de sofrimentos, violência. Mais recentemente, a partir de quando estava a zero, começa a encontrar pessoas que a ajudam, algumas são bondosas, pacientes, tolerantes; agora, já sabe concretamente que nem todo mundo é ruim.

É nesse momento que alguém lhe diz que ela também tem sua parcela de ruindade. Estranho! Pode ser. É preciso verificar.
O fruto está maduro para ser colhido!

Capítulo 11

QUE CONTA COMO SEVERINA PÕE A ORGANIZAÇÃO BUDISTA À PROVA PARA DECIDIR SE VALE A PENA INGRESSAR NA MESMA

Eu achei (...) é o que tanto procurei, eu imaginei dentro de mim (no início, sua primeira impressão). Eu digo: é coisa diferente, bem diferente (...) eu senti alguma coisa diferente dentro de mim (...) era um pergaminho e ali não tem nada de fotografia, fisionomia de alguém (...) de uma Nossa Senhora, de um santo, que me impressionasse: umas letras negras (...) letras Sumi (...) Ela saiu e me deixou sozinha e o oratório aberto. Eu olhei bem, sabe quando a gente sente alguma coisa gostosa dentro da gente? Diferente? (...) Eu achei ali estava a solução dos meus problemas (...) como uma coisa... mágica, isso, isso, é isso mesmo: mágico!

Depois que conhece a organização budista, a Severina-de-hoje é capaz de, por contraste, explicar o significado que a Severina-de-ontem atribui àquela situação insólita, nova: *é o que tanto procurei*.

Para entendermos isso, talvez tenhamos que nos recordar do tratamento que recebeu quando ingressa no mundo da loucura. Os médicos a tratam na fase aguda. Salvam o bicho do mato da morte biológica e o bicho é salvo da morte simbólica ganhando a identidade de *doente mental*, o que não lhe garante vida! A implicação necessária disso é ou a cronificação ou um trabalho extremamente difícil e penoso — sobretudo caro — de lhe propiciar saúde mental, mercadoria inacessível a escravos. Em vez de receber uma terapia adequada, é *encostada* na caixa do INPS.

É isso que tanto procura. A ajuda para o bicho-humano. Num certo sentido, recebeu ajuda, mas uma ajuda quase veterinária. Era necessária, mas não suficiente.

Recebe, posteriormente, ajuda humana nas duas casas onde foi doméstica. Na primeira revela-se o moleque; da segunda sai como se fosse uma adolescente. Recebe ajuda, apoio; diríamos uma *terapia de apoio*.

Para atingir a maturidade é preciso mais que apenas condições infraestruturais. Como animal simbólico, o bicho-humano sente carência de sentido, de significado — e de pertencer a um grupo que dê suporte e encarne esse significado.

É isso que procura.

Ainda que falando metaforicamente, precisa de uma *terapia profunda*. Descobrir a Severina nova que está surgindo e ameaçando a velha Severina. Para a vingadora morrer, outra personagem precisa surgir e dar sentido a sua vida. Dar sentido a seu futuro e, retrospectivamente, a seu passado, reinterpretá-lo. Com isso seu presente também pode adquirir sentido.

Escapar da loucura, que é a falta de sentido.

Na época, isso só ocorreria por um ato mágico. Um milagre talvez. O esquema de referência para interpretar os fatos ainda é o da Severina-de-ontem.

> A moça (catequista), dura na disciplina! Pra pôr ali na linha e tudo. Sempre dentro de mim tinha alguma coisa de profundidade, de mistério. Sabe quando é uma coisa misteriosa que se quer desvendar? Como o Japão pra mim. O Japão é uma coisa que até agora eu não desvendei, eu ainda tenho que ir muitas e muitas vezes pra mim desvendar o que é o Japão (...) como um mistério que atrai a gente, a curiosidade (...) Acho que na hora (do primeiro contato) eu imaginei assim como o espiritismo, que diz que resolve, que faz as coisas (...)

É preciso testar, ver se funciona, se a mágica é boa.

> (...) arrumar um lugar pra morar (...) meu dinheiro não dava (...) eu teria que ganhar esse milagre, eu falava milagre, nós falamos (hoje) benefício; ele tinha que fazer esse milagre pra mim, esse Deus do Universo (...) eu praticando, praticando, e fazendo as unhas (...) um dia (...) o homem disse pra mim: *tem esse quarto pra alugar* (...) E o dinheiro? De uma hora pra outra, eu não sei como (uma cliente da manicure) me emprestou os 500 cruzei-

ros pra mim e eu consegui (...) dentro de 15 dias eu consegui. Eu digo: ah! isto então tem valia, isso aqui funciona, é melhor que as macumbas (*gargalhadas*) eu dizia, eu pensava tudo assim. Quer dizer que eu estava fazendo tudo aquilo aéreo, né (...) mudei feliz da vida, morar num cômodo e cozinha quem morava num cubículo! Então mudou muito, estava numa casa, pra mim era uma casa (...) quer dizer que esse Deus estava funcionando mesmo!

Aprovado no teste prático.
Contudo, isso não garantia uma metamorfose radical e profunda. Praticava, mas praticava ritualisticamente. Uma mudança de fachada. Nos bastidores, o ator continua o mesmo. Representa uma personagem, mas sem assumi-la, sem com ela se identificar. Era ainda a participante de sessões de macumba ou de espiritismo, só com outro vestuário e noutro cenário. Seu mundo ainda era o mundo mágico e primitivo dos feitiços e dos encostos. Estava feliz, porque tinha achado um *milagreiro* bondoso — e que funcionava!
No fundo, nada mudara significativamente. Continua a escrava que se submete e faz o que os outros mandam:

> Ela (catequista) diz assim: *quer dizer que você já teve um grande benefício, então daqui pra frente você tem que lutar sempre, ter aquela convicção, fé e persistência, não desanimar (...) vai praticar direitinho, vai continuar praticando, assistindo sempre as reuniões, frequentando direitinho e com objetivo dentro de si, porque a gente*

não pode parar, sempre tem que lançar objetivo (...) dentro da (organização) é assim: ou vitória ou derrota!
(...) então eu digo assim, eu agora já recebi, já ganhei a casa, então quero (outro objetivo) (...) sempre fazendo, sempre fazendo (orações) e ela me ensinando a Sutra; ela diz: faça um objetivo (...) peça ao Deus do Universo que você tem que aprender a ler, tem que aprender essa Sutra. Então eu comecei a perceber que era mais sério que eu pensava! Que não era uma coisa assim como centro espírita, que a gente ia, recebia o milagre e voltava lá quando queria, não! Aquilo tinha que continuar firme, dependeria de mim também.

Recorrendo novamente a uma metáfora, poderíamos ver aqui um diretor de teatro insistindo com um ator para que este *viva* a personagem que está representando. Não basta apenas agir como a personagem; é necessário pensar, sentir, acreditar como ela: ter a fé e a convicção que caracterizam a personagem. É preciso ingressar no seu mundo, conhecê-lo, migrar para esse mundo e nele viver como o mundo! Não é só outra personagem, também é outra peça teatral; é outra personagem e outra história. Não basta simular, caricatura. É necessário identificar-se com ela e com seu drama.

De certa forma, tem que se submeter às ordens do *diretor* para se libertar da Severina-de-ontem. Mas, é ela, em última análise, quem fará sua própria *revolução humana*, sua transfiguração e sua transmigração. *Tem que ser tudo da gente, pela gente, né!*

Por isso afirma: *Comecei a perceber que era mais sério que eu pensava!*

Tão sério porque a transformação não é só da aparência, do mero desempenho de um papel, no sentido de *fazer de conta que é*. É psicossomática:

> Outra coisa: na época ainda eu estava tomando os remédios (tratamento psiquiátrico); ela (catequista) disse: *a primeira coisa que você tem que fazer, tem que fazer o objetivo de não tomar mais calmante, de não precisar mais desses calmantes.* Eu digo: *tudo bem! então eu vou fazer o objetivo (...)*

É mais sério que Severina pensa! E funciona!

Capítulo 12

QUE DISCUTE A POSSIBILIDADE DE TER SEVERINA ENCONTRADO CONDIÇÕES PARA SE IDENTIFICAR COMO SER HUMANO, POR CAUSA DE UM GRUPO ONDE É *HÃ-TÃ*, DEPOIS DE TER SIDO *KOMI-TÃ*

Cabe perguntar: essas mudanças ocorrem apenas na cabeça de Severina? Tão somente a catequista testemunha as transformações que Severina começa a experienciar?

> Eu ia, participava de todas reuniões (...) quando a gente começa a praticar, a casa da gente é chamada de *Komi* (...) depois, quando a gente começa a praticar direitinho, que recebe o *gohonzo* (pergaminho sagrado) dentro da casa da gente, então recebe o primeiro cargo de *Komi-tã*

(...) depois de um ano mais ou menos que eles veem que a gente está se equilibrando, pegando o ritmo, então a gente recebe outro cargo, o cargo de *Hã-tã*, que é o meu cargo atual (...) a minha casa de Komi passou a ser *Ha*; essa moça (catequista) é *Tico-tã*, a casa dela é um *Tico* (...) além dela (...) até o presidente (...) no Japão (...); nós temos nosso vice-presidente (no Brasil) (...) a gente nunca pula uma escada (...) recebo orientação da minha dirigente (...) da minha *Tico-tã* (...) Temos também reuniões no templo (...) reuniões grandes (...) aí temos um bonzo (...) sacerdote (...) que dá orientação também, em geral (...)

Um grupo que encarna o *mundo* descoberto por Severina e lhe dá suporte. Sua identidade, que se transforma, vai se concretizando nas e pelas novas relações sociais em que está se enredando. A materialidade dessas relações sociais faz com que a nova identidade não seja uma ficção, uma abstração imaginária.

É um mundo organizado, com relações entre seus habitantes bastante previsíveis, tudo parece dotado de sentido; cada um tem seu lugar nesse mundo; sua casa faz parte de uma rede institucional, o que implica uma rede hierarquizada de valores e que se traduz pelas orientações que os diferentes níveis hierárquicos fornecem.

Severina, a rigor, pela primeira vez, faz parte de uma comunidade humana. Não importa o quanto ela seja convencionalizada, hierarquizada, até mesmo estática. Desde a infância-que-não-teve até este momento, Severina era um átomo solto, despregado de qualquer vínculo significativo. Durante seu noivado teve a ilusão de que, através do casamento, constituiria seu pequeno mundo familiar — dolorosa ilusão. Outra época em que esteve bem foi nas duas últimas casas em que trabalhou; teve patrões bondosos e tolerantes. Mas era mera agregada; não fazia parte intrínseca daquelas famílias; era tolerada, carinhosamente talvez, mas tolerada. Ela não fazia parte daqueles lares.

Agora tem sua casa, de cômodo-e-cozinha, que é um *Hã*; já foi um *Komi* e pode se transformar num *Tico*, sem que se mude. Ela própria é uma *Hã-tã*. Faz parte de uma comunidade universal. Seu centro é do lado do Sol Nascente, do outro lado do mundo, quase outro mundo, que não tem nada a ver com os *mundos* do seu passado, de onde está emigrante. Graças a essa comunidade liga-se com o Deus do Universo.

Está visceralmente inserida numa comunidade humana. É alguém! É humana!

O bicho-humano achou seu nicho!

Severina está fazendo sua *revolução humana*.

A gente pode transformar o veneno em remédio (...). A gente (...) não vai mudando de uma hora pra outra; vai mudando por etapa, devagarzinho; cada dia que a gente vai passando, cada hora, cada minuto, cada segundo da vida da gente, a gente vai sentindo e percebendo as coisas, vendo as coisas de outro ângulo, diferente do que a gente era (...). Hoje, de jeito nenhum, eu não quero voltar àquela vida que eu tive, àquela vida de miséria, de estado de inferno, porque eu vivia no estado de inferno; hoje eu tenho estados de inferno dentro de mim (...) porque eu sou ser humano (...) por segundo eu tenho um estado de vida, por segundo, em segundos (...). Tanto a gente tem dentro de bom, como a gente tem estados de ruins (...) essas coisas piores não mudam da gente, não saem de dentro de nós, mas através da prática (...) a gente vai contrabalançando, porque nós somos seres humanos, somos matéria (...). Eu vou ter muito, muito, muito que mudar (...) o que eu plantei, que foi meu estado de vida antigo, foi muito ruim, foi muito ruim (...) eu não quero voltar nunca àquele estado que eu tinha, porque esses estados eu tenho todos dentro de mim (...) mas eu tenho uma coisa pra me segurar, um controle (...) eu tenho que lutar pra transformar aquilo, não deixar mais aquilo acontecer de ruim (...) a gente ir se transformando permanentemente dentro da gente!

Metamorfose: *a gente ir se transformando permanentemente!*
Somos seres humanos, somos matéria; através da prática, a gente vai se transformando!

Ainda que possam ser fragmentos do discurso oficial da organização, no contexto biográfico de Severina expressam uma sabedoria sua, um conhecimento de quem passou pelo processo: sua vida é expressão dessa sabedoria, desse conhecimento. Suas palavras não soam como um eco desencarnado, simples repetição mecânica.

É o depoimento de quem tem consciência de ser uma metamorfose.

Isso sugere uma dúvida: a metamorfose começou tardiamente, antes ela não se transformava? Ou o que começou tardia foi a consciência da metamorfose, isto é, a consciência de si?

(...) antes era outro tipo de mudança, a maldade, a vingança, o ódio, tudo! (...) Eu queria, como se diz, ver o circo pegar fogo (...) eu não tinha esse modo de pensar hoje; eu não pensava nas consequências que poderiam acontecer; se eu jogasse uma pedra daqui pra lá, eu nunca poderia imaginar que eu ia quebrar o telhado do outro. E se quebrasse? Tudo bem pra mim (faz gestos batendo as palmas, como lavando as mãos). Eu nunca imaginava do bem-estar do ser humano, do outro. E nunca imaginava uma vida que tinha tanto valor (...) que era tão importante, o maior tesouro do mundo é uma vida!

Consciência de si e consciência do outro!
Encontra vida: reconhecer o outro como humano e ser reconhecida como tal!
Valoriza a vida: o *maior tesouro do mundo*.
Sozinha, certamente, não podia ver reconhecida sua humanidade, consequentemente não se reconhecia como humana.
Identifica-se como humana.
Identidade humana. Vida!

Capítulo 13

ONDE SEVERINA FORNECE EVIDÊNCIAS QUE ELA NÃO É MAIS ELA, MAS OUTRA PESSOA QUE É ELA MESMA

Ser é ser metamorfoseada!

A metamorfose é a expressão da vida. Como tal é um processo inexorável, tenhamos ou não consciência dele.

O que Severina nos revela é quem ela é: alguém se transformando permanentemente. Adquire consciência disso e se reconhece como ser humano.

Como se deu essa tomada de consciência? Quando se descobriu *outra*?

Essa passagem começou, eu lembro bem, começou pelo meu marido (...) eu queria ver o *cão*, não queria ver ele na minha frente (...). Um dia (...) encontrei com ele lá (casa dos sogros) e olhei ele; e digo com toda lealdade, dentro de mim alguma coisa não disparou, meu coração não disparou e eu não senti aquela coisa horrível que eu sentia dele, aquela repugnância, porque pra mim ele era um verme, era um lixo, entende? Foi daí pra frente que eu comecei a me aperfeiçoar (...) hoje ele é um ser humano, ele pra mim parece que nunca existiu na minha vida como marido e mulher (...); dentro de mim eu não sinto isso, é gozado! Mas eu vejo ele como uma pessoa, como uma vida, uma vida que deve ser respeitada, que deve ser amada, como gente!

Descobre-se *outra* quando descobre o marido *outro*. Sintomaticamente, até esse momento referia-se ao marido pelo prenome; daqui para frente chama-o pelo sobrenome. É como se quisesse enfatizar que ele é outra pessoa para ela, tanto quanto ela é outra, para si e para os outros. Ninguém muda apenas interiormente, nem sozinho.

Até hoje eu não lembro uma fase nossa de boa, de coisas boas, eu não lembro; parece que quando eu conheci (refere-se ao marido pelo sobrenome), que casei, namorei, noivei, tudo isso, parece que foi assim, como que se diz, eu sofria de amnésia (...) é uma esponja, passou uma esponja, não lembro! (...) Acho que não existiu (coisa boa) (...) mas na época do noivado houve! Houve mas não consigo juntar uma coisa com outra, não consigo me ligar, sabe quando parece que a gente desliga, tira... eu estou conversando aqui, é interessante, eu converso sobre ele, estou conversando, falo tudo isso; saio daqui pra fora acabou, não existiu mais (...).

A Severina-de-ontem não é ela! Ela não se identifica com ela-mesma no passado. É uma terceira pessoa, de quem ela conhece a história, é capaz de narrá-la mas, acabou de contar, desliga. Não consegue juntar!

Está querendo informar que a vingadora morreu e que ela percebeu quando desapareceu o ódio pelo marido.

A morte da vingadora tem outras consequências: desaparece o ódio pelo pai e por sua amante. Alimentou durante muito tempo um projeto de vingança. Desaparece também o sentimento de vingança. Deixa de ter ódio e desejar vingança. Relaciona isso com o que ocorreu com o marido.

> Nessa fase que eu... que eu conheci... (*titubeia, ri e prossegue resoluta*) é! Que eu vim conhecer o (refere-se ao marido pelo sobrenome) de verdade, foi nessa época (...). O ponto primordial começou ali com o (marido/sobrenome), começou com ele; (...) da hora que aprendi a eliminar (o ódio), que entendi ele, compreendi o que aconteceu com ele — comigo e ele, que eu vi ele como uma pessoa normal, sem eu ter ódio dele, sem ter mágoa, vendo ele como ser humano (...) daí pra cá eu comecei a ligar uma coisa na outra, a ligar as coisas, os pontinhos. Sabe um jogo de xadrez? Eu então comecei a lidar as pedras. Eu digo: se eu perdoei... (dá a entender: por que não perdoar também o pai e a sua amante) — porque vou dizer com toda sinceridade, naquele dia que eu vim (da casa do sogro), sabe quando a gente parece que está flutuando, feliz na vida, a gente olhar uma pessoa, a gente não ter medo, não ter ódio, não ter nada. Eu senti bem na hora (...) aí eu comecei a começar (*sic*) a entender as coisas (...)

Conclui seu aprendizado. Começa a entender as coisas, a ligar os pontinhos, aprende a eliminar o ódio. Assume sua nova personagem; identifica-se com ela; torna-se a personagem.

Tem que assumir aquilo na realidade, tem que assumir, tem que sentir mesmo, tem que sentir profundo da gente, porque se não sentir não é válido. E as coisas vão acontecendo pra gente espontaneamente.

Atinge o ponto que torna qualquer ator um ator convincente e digno de admiração: espontaneidade. Já não representa obedecendo ordens; age por sua própria vontade (*sponte sua*); é espontânea!

Outra coisa: alegria dentro de mim! A carranca... antigamente era uma pessoa carrancuda, mas acho gozado que as pessoas dizem assim — pessoas que não me encontram faz muito tempo: *Severina, que diabo! Você nunca fica velha (...) que mudou dentro de você?* Eu digo assim: velho é trapo (...) a gente é usada (...) eu me sinto... sabe como me sinto? Não me sinto com 47 anos (sua idade no momento), ou 48 ou 49 anos, eu não me sinto isso. Eu me sinto como se tivesse uns 20 ou 30 ou... (*gagueja*) 30 nada! 30 é muito. Menos! (...) Sinto força, que era uma coisa que eu não tinha. Sabe aquela coisa dentro de mim, né, aquela força, aquela força interior dentro de mim. Outra coisa: é gostoso a gente andar na rua e brincar com todo mundo, fazer amizade com todo mundo, eu não tinha amizade com ninguém (...) onde moro (...) tenho amizade com Deus e todo mundo (...) com meu sogro e minha sogra, ohhh!!! mudou e como! (...) Não vou lá (...) telefonam pra cá (...). O vô (*pela primeira vez chama assim o sogro!*) diz pra todo mundo lá, diz que ele fala, que dos filhos dele eu que sou a filha verdadeira e a minha sogra mesmo fala (...) hoje ela me chama de minha filha e tudo (...) ela mesmo me aconselhou (...) me divorciei (...). É a coisa mais gostosa sentir o que sinto: paz interior, dormir como eu durmo, não tenho insônia (...) os vizinhos (...) têm um respeito, uma admiração comigo que parece brincadeira (...) se não me transformar como vou transformar o ambiente (...) eu não sabia ser amável com ninguém, eu não sabia cultivar...

Severina alonga-se em exemplos, evidências. Não se sente outra pessoa. É outra pessoa!

Capítulo 14

EM QUE A HISTÓRIA NÃO TERMINA E PODERIA SER UM CAPÍTULO CHAMADO "A MORTE E A VIDA DE SEVERINA"

A escrava começa a morrer quando Severina declara *no fim eu sou escrava de mim própria*; continua morrendo quando ela se torna espontânea. Se chegar a morrer completamente, contudo, é difícil dizer. Talvez o mais prudente seja considerá-la um fantasma que se esvanece.

O mesmo se pode falar da vingadora, de cuja morte Severina nos fala quando conta que não tem mais o projeto de vingança.

Pelo menos Severina não mais se identifica assim: nem escrava, nem vingadora.

Mas, como ela mesma afirmou, *a gente não vai mu-*

dando de uma hora pra outra; vai mudando por etapa, devagarzinho.
Será, então, que algo de importante da Severina-de--ontem ainda sobrevive?

Foi o problema muito grande na minha vida (*o filho e o casamento dele*) (...) na época (...) mesmo dentro da organização (...). Agora estou entendendo, sabe por quê? O problema é porque eu não estava preparada psicologicamente, espiritualmente (...) eu fiz muito castelo sobre (*meu filho*), eu visualizei (*meu filho*) em muitas coisas (...), eu fiz muitos castelos de areia sobre (*meu filho*) (...) amor (...) tudo mesmo eu transferi para (*meu filho*). (*Meu filho*) era meu ídolo, (*meu filho*) era meu deus, (*meu filho*) era tudo pra mim. Mas, hoje não! Eu entendo (*meu filho*) um homem, é um moço é o meu filho: é o meu filho mas simplesmente a única coisa que eu fiz (*foi*) ser como um tipo reprodutor. Mas a vida é dele, cada um é individual, cada um tem a sua vida. Hoje eu estou compreendendo mais ou menos agora; mas antigamente não! (*Meu filho*) era meu, meu! Sabe? (...) a única coisa que nunca pensei é (*meu filho*) meu marido, mas em outras partes, em todos pontos de vista (*meu filho*) era meu! (...) (*Meu filho*) era minha propriedade, minha, minha, minha, minha, minha! Era assim (*meu filho*) pra mim. Era tudo! (...) Faz dois anos que casou (...) Tive muita orientação (*da organização*) (...) Não queria que casasse (...) Estava fazendo um ano de casado ele estava no hospital, internado, ruim, ruim (...) isolado, foi tuberculose (...) veio embora do hospital pra casa e foi daí pra cá que começou minha luta com ele e aí que começamos nós (*ela, filho e nora*) a nos chegar (...)

Graças ao Gohonzo eu superei também esta parte (...) todas fases pra mim foram duras, todas (...) mas esta fase me abalou bastante (...) eu tinha meu filho como meu, como uma propriedade minha, uma coisa minha, eu imaginava ele estudar (...) eu queria ver ele numa faculdade (...) eu fiz todos aqueles castelos e depois eu vi tudo por terra! (...) Hoje melhorou 100% (...) Está cuidando do filho dele (*neto*), está cuidando da mulher (*nora*), estão eles dois se ajeitando do modo deles (...) Nós agora estamos sendo mais amigos.

Lembrar daquele bicho-acuado, no tempo da gravidez de Severina, que foi ferido quase mortalmente, e lutou desesperadamente pela própria sobrevivência e a da cria, talvez ajude a entender essa mãe-proprietária. Depois do parto, confundiam-se um pouco as brigas da vingadora com as brigas da mãe-que-não-deixavam-ser-mãe. Foi brigando muito, com muita luta e esforço que Severina conseguiu manter-se mãe: durante muito tempo só podia ser mãe-de-visita. Assim como no início sua sobrevivência quase que dependeu exclusivamente do projeto da vingadora, após o parto houve como que um desdobramento da vingadora-briguenta na mãe-brigadora; esta, quando consegue finalmente a guarda do filho torna-se mãe-proprietária. Assim, seu desespero ao ver o filho, ainda muito jovem, casar é compreensível; e toda dificuldade, todo abalo que esse casamento provoca, talvez expresse o estertor da Severina-de-ontem, que ainda sobrevive moribunda.

É um golpe de misericórdia na já combalida Severina-de-ontem.

Renúncia e libertação marcam a morte progressiva da Severina-de-ontem: renúncia ao filho-propriedade; libertação para amar o filho-amigo. Outras renúncias anteriores a libertaram também. Sua renúncia ao projeto de vingança é exemplar: liberta-a para ser uma jovem alegre e espontânea.
Severina morreu!
Viva a Severina!

A Severina-de-hoje, que contém a Severina-de--amanhã, nesta fase apresenta-se como uma crente fervorosa da religião que abraçou; é membro disciplinado de sua organização. Muitos de seus comentários e explicações de caráter místico e religioso foram aqui omitidos deliberadamente, ainda que esta seja sua aparência atual: a baiana-que-virou-budista. Por baixo dessa aparência há um ser humano em constante transformação. Há as Severinas-de-amanhã. Há a metamorfose.
Metamorfose que se concretiza, em cada momento, de uma forma específica, dadas condições históricas e sociais determinadas.
A Severina-de-hoje reflete:

Hoje (...) olho para trás e digo: será que fui eu que passei todas essas partes? Ainda tem mais pra passar, mas só que agora eu já estou entendendo o que vou passar; me sinto outra pessoa, como que renasci (...) eu nasci de novo.

Explica que se sente sujeito da própria vida:

(...) agora que eu nasci (...) parece que agora estou nos meus 10, 11, 12 anos (...) é uma vida que agora estou construindo...

A Severina-de-hoje é a baiana-que-virou-budista!
Hoje ela se preocupa também com questões políticas. Discute a situação brasileira. Alerta para os riscos da corrida armamentista. Fala da *bomba*. Encarece a necessidade da paz mundial. Quer o respeito pela vida!
Nota-se que há em algumas afirmações da baiana-que-virou-budista influências que sofreu durante sua recente viagem ao Japão, para onde foi, escolhida pela organização, para estagiar numa família japonesa budista.

(...) Japão, é de lá que sinto saudades; aquela família que me acompanhou aqueles dias lá que eu sinto minha mãe e meu pai — aquele é que eu vejo meu pai verdadeiro — aquele senhor bem de idade, que quando chegou na estação despediu de mim, me abraçou, me beijou e chorou, e todo tempo ao meu lado me protegendo, me deu segurança, me deu tudo, sem saber... sem saber pronunciar (...) mas só pelo olhar a gente se entendia um ao outro, tanto ela como ele (...)

A baiana-que-virou-budista está virando japonesa!
Mas isso já é contar outra história, de outra pessoa! História que poderá ser contada em outra oportunidade, quando ouvirmos a Severina-de-amanhã falar do seu passado.

LIVRO III

Identidade

QUE TRATA DA IDENTIDADE COMO QUESTÃO TEÓRICA, SOB O PONTO DE VISTA DA PSICOLOGIA SOCIAL

Introdução

ONDE O AUTOR SE DIRIGE PESSOALMENTE AO LEITOR PARA LEMBRAR ALGO DITO NO "PREFÁCIO" E PARA PEDIR DESCULPAS PELO QUE SE VERÁ

Sinto-me na obrigação de recordar ao leitor que isto é uma tese de doutoramento em psicologia social. Por vezes poderá ter parecido um romance, um trabalho literário. Não é, embora em vários momentos eu tenha desejado que fosse: por exemplo, eu gostaria que toda violência sofrida (e narrada) por Severina (no Livro II) fosse ficção. Ela falou de nossa sociedade, de nossa época: falou de nós, falando dela. O singular materializa o universal.

O Severino (do Livro I), que falou pela palavra do poeta João Cabral de Melo Neto, também não é uma seção, é apenas mais burilado. Ele também falou de nossa realidade, de nosso tempo — também falou de nós.

O essencial, num certo sentido, já está dito, acho eu.
Não quero agora fazer, nem sugerir que se faça, uma apreciação deste trabalho antes que ele termine. Apenas quero dizer aquilo que fiz até aqui. Limitei-me, fundamentalmente, a cortar e costurar pedaços de narrativas. O tecido dessas histórias me parece muito bom. Se as peças estão bem costuradas é outro problema. Gostaria de ter usado mais pano nesta costura, mas procurei me conter (e foi difícil), pensando num certo figurino. Mais pano há — e do bom!

Com as peças montadas e alinhavadas, pensei num modelo simples e despojado, sem nenhum acréscimo, nem ornamento, nem adorno. Porém, como poderia haver quem quisesse um figurino sofisticado, que incluísse um certo acabamento, com acessórios, enfeites, botões para fechar etc., acrescentei este apenso.

Desculpe-me se, ao dar acabamento, prejudicar o que já está pronto. São ossos do ofício.

Uma tese há-de ter uma parte teórica. Ela vem em seguimento.

Um doutor em psicologia social deve ser capaz de teorizar a respeito de fenômenos psicossociais. Neste caso, estou me propondo falar sobre um fenômeno que considero extremamente importante: identidade. Ao fazê-lo, minha própria está em jogo. Se fizer bem serei identificado como doutor em psicologia social; se não o fizer... bem, terei ao menos tentado, criando oportunidade para que muitos Severinos fossem ouvidos.

Tanto o Severino do poema, quanto a Severina de carne e osso são típicos. Típicos não só como nordestinos que migram, mas típicos como brasileiros que são violentados, como seres humanos que são explorados em nossa sociedade capitalista. Nem todos somos nordestinos ou migrantes. Mas, em nossa sociedade de classes, somos todos explorados e violentados — alguns mais, outros menos. Principalmente somos por ver barradas possibilidades de concretizar nossa humanidade. Nesse sentido, até mesmo poderosos, privilegiados, são também impedidos de se humanizarem. Talvez as ações mais desumanas em nossa sociedade partam desses segmentos da população. Em contraste, a violência e a exploração que alguém, como o marido da Severina, é capaz de realizar são insignificantes em termos de amplitude e eficácia. Mas é terrível na medida em que está mediatizando a violência social no caso particular. A exploração e a violência sociais se concretizam, através de mediações, sempre no particular, que é a unidade do singular e do universal. Coletivamente constitui o conjunto das relações sociais que, no nosso caso, materializa um *mundo*: nosso mundo capitalista.

Cada indivíduo encarna as relações sociais, configurando uma identidade pessoal. Uma história de vida. Um projeto de vida. Uma vida-que-nem-sempre-é-vivida, no emaranhado das relações sociais.

Uma identidade concretiza uma política, dá corpo a uma ideologia.

No seu conjunto, as identidades constituem a sociedade, ao mesmo tempo em que são constituídas, cada uma por ela.

A questão da identidade, assim, deve ser vista não

como questão apenas científica, nem meramente acadêmica: é, sobretudo, uma questão social, uma questão política.

Como tal, diz respeito a todos nós.

Como tal, considero-a uma questão vital.

Para mim, pelo menos, é — em todos os sentidos.

Julgo que tanto a Severina quanto o Severino já nos ensinaram o que é identidade: *identidade é metamorfose*. E metamorfose é vida. Esta a tese aqui defendida.

A narrativa dessas personagens — a primeira saída de um poema e a segunda de um drama da vida real — ajuda-nos a entender o complicado problema da identidade. Os Severinos mostram-nos a complexidade da questão.

O que falta então? — Severina responderia assim: *falta dar nome aos bois...*

Capítulo 1

QUE FALA DE IDENTIDADE COMO TRAÇO ESTÁTICO DO SER, AO MESMO TEMPO QUE PROPÕE A FORMA *PERSONAGEM* COMO EXPRESSÃO EMPÍRICA DA IDENTIDADE

Os dois casos apresentados, por trás de uma aparente diversidade, têm algo em comum, que pode ser referido pela expressão *morte-e-vida*. Entendo que ela traduz o real movimento da identidade, uma dialética que permite desvelar seu caráter de metamorfose.

É uma tese que está, desde o início deste trabalho, sendo afirmada. Nem por isso se trata de afirmação apriorística ou especulativa, mas sim de uma antecipação. É uma conclusão, a partir de observações empíricas (sistemáticas e assistemáticas) bem como de experiências autobiográficas. Escritos teóricos de muitos autores (nem sempre psicólogos sociais) foram importantes; alguns serão mencionados quando oportuno e necessário; outros fizeram parte de minha formação e seria impossível indicar todos.

Como se chega a dizer que identidade é metamorfose?

Num primeiro momento somos levados a ver a identidade como um traço estatístico que define o ser. O indivíduo aparece isolado, sua identidade como algo imediato, imutável.

Tipicamente, a identidade aqui é representada pelo nome próprio. É como Severino inicia sua autoapresentação:
O meu nome é Severino.

Prossegue na sua tentativa de dizer quem é recorrendo a outros nomes próprios.

É a busca de uma certeza sensível:

> Nós não podemos mesmo exprimir o ser sensível que visamos, pois ele é rigorosamente singular. É inefável. Como dirá Feuerbach: "Para a consciência sensível todas as palavras são nomes próprios". A palavra que sempre é universal, opõe-se à coisa, sempre singular. (Garaudy, 1983, p. 48)

Essa dificuldade é sentida por Severino, depois de mencionar seu nome, o da mãe, o do pai, o da sua região, o do seu estado:

> Como então dizer quem fala
> ora a Vossas Senhorias?
> Vejamos: é o Severino

da Maria do Zacarias,
lá da serra da Costela,
limites da Paraíba.
Mas isto ainda diz pouco (p. 108)

Seu esforço nesse momento é apenas fornecer, cada vez mais, novas informações: substantivos próprios, os comuns, adjetivos.

Um nome nos identifica e nós com ele nos identificamos. Por isso dizemos "eu me chamo...". Então, nós *nos chamamos*, mas isso só depois de uma certa idade, pois inicialmente apenas *somos chamados* por um nome que nos foi dado.

Interiorizamos aquilo que os outros nos atribuem de tal forma que se torna algo nosso. A tendência é nós nos predicarmos coisas que os outros nos atribuem. Até certa fase essa relação é transparente e muito efetiva; depois de algum tempo, torna-se menos direta e visível; torna-se mais seletiva, mais velada (e mais complicada).

Nosso nome como que se funde em nós. (Pense em si mesmo com outro nome: há um sentimento de estranheza; não nos reconhecemos.) Identificamo-nos com nosso nome.

O nome é mais que um rótulo ou etiqueta: serve como uma espécie de sinete ou chancela, que confirma e autentica nossa identidade. É o símbolo de nós mesmos.

Se o leitor estiver atento, deve ter percebido algo, se não curioso, ao menos digno de nota. Enquanto a apresentação do Severino começa exatamente pela menção de seu nome, na da Severina isso não ocorre. Podemos imaginar que, por fazer ela a narrativa a alguém que já a conhecia, dispensou-se de falar seu nome. Contudo, pode haver mais. Há algo que não consta da narrativa e vai contado aqui. No momento em que ela relata o episódio em que seu marido rasga sua certidão (Livro II, Cap. 6), ela abre um parentêsis e dá uma informação, seguida de um comentário aparentemente jocoso. Disse que só foi registrada em cartório quando já estava em Salvador, após a morte da mãe, por uma família da qual era empregada. Foi então registrada com o sobrenome dessa família (e não o de sua família de origem). Após essa informação comentou: "quer dizer que eu sou falsa! Eu não sou Severina de Tal (...)". Surpreendentemente, ela *não* diz que seu *nome* é falso; diz: "eu sou falsa!".

É uma sensação muito difícil de ser compreendida por alguém que não teve ou não privou com alguém que teve problemas com o próprio nome (principalmente se decorrem de outros problemas, e geralmente decorrem...). É a sensação não de que os outros estejam errados ou tenham se enganado, mas sim de que a própria pessoa está errada ou enganada sobre si mesma. O próprio indivíduo vê abalado ou perdido o autorreconhecimento de que ele é o próprio de quem se trata...

Está claro que o nome não é a identidade; é uma representação dela. Posso representá-la de outras formas, além de usar nomes próprios: este recém-nascido, o filho de Fulano etc.

Ao dar nome a alguém, ao chamar alguém de uma maneira, torno esse alguém determinado. Isso, porém, pode me fazer esquecer o momento anterior em que esse alguém se tornou presente para mim, separando-se como um objeto para minha consciência: ele nasceu, então ele é nascido. A manifestação do ser é sempre uma atividade; neste exemplo: *nascer* (só depois ele *é nascido*).

O que pode ser percebido é que qualquer predicação é predicação de uma *atividade anterior, genericamente*, de uma presentificação do ser.

Nossa linguagem quotidiana tem dificuldades de falar do ser como atividade — como acontecer, como suceder. *Acabamos por usar substantivos* que criam a ilusão de uma substância de que o indivíduo seria dotado, substância que se expressaria através dele.

Por isso, quando representamos a identidade, usamos com muita frequência proposições substantivas (Severino é lavrador), em vez de proposições verbais (Severino lavra a terra). Pelo fato já mencionado de interiorizarmos o que é predicado, a atividade coisifica-se sob forma de uma *personagem* que subsiste independentemente da atividade que a engendrou e que a deveria sustentar (Severino é lavrador mas já não lavra).

No caso do nome, a atividade é antes de mais nada o nomear, o chamar, o interpelar. Se inicialmente, como vimos, apenas somos chamados, é à medida que vamos adquirindo consciência de nós mesmos que começamos a nos chamar. Quando ainda não nos vemos como objeto para nós mesmos — quando nossa consciência ainda não se desenvolveu — o nome (ou qualquer predicação) permanece como algo exterior; começamos a adquirir consciência de nós mesmos e começamos a nos chamar; podemos falar conosco, podemos refletir.

Atividade, consciência, identidade: três categorias fundamentais para a psicologia social estudar o homem. Parece impossível analisar uma sem recorrer às outras, ainda que possamos destacar uma, como aqui está sendo feito.

A identidade, que inicialmente assume a forma de um nome próprio, vai adotando outras formas de predicações, como papéis, especialmente. Porém, a forma *personagem* expressa melhor isso na sua generalidade. Um nome, efetivamente, nomeia uma personagem. No teatro isto fica claro: um ator representa "Hamlet" e poderá dizer que é o seu papel. Um papel, de fato, pelo menos em termos de identidade, designa uma *personagem*. Um exemplo banal pode deixar isto claro: imagine um grupo de alunos antes do início do curso perguntando: quem é o professor de psicologia social? Se a resposta pudesse ser um papel a pergunta não teria cabimento, porque professor é alguém que ministra cursos na sua área de especialidade; o papel é conhecido; imagine que então alguém responde: o professor é Fulano; se o nome for de uma personagem conhecida, certamente os alunos terão satisfeita a curiosidade. Ah! É ele. Porém, se for o nome de uma personagem desconhecida, poderão ainda perguntar: Quem é esse *cara*? Qual é a *dele*? Como ele é? etc. A personagem é que quer ser conhecida! Outro exemplo: no poema do Severino há dois coveiros bem distintos; ora, o papel de ambos é o mesmo. Há duas ciganas; também o papel é o mesmo. Entretanto, podemos falar de duas personagens distintas em ambos os casos; isto é questão de identidade.

A identidade, então, assume a forma *personagem*, ainda que esta seja chamada pelo nome próprio, por um apelido, por um papel etc.

Nesse nível inicial, em que cada palavra é um nome próprio, o indivíduo aparece como ser isolado, sua identidade como algo imediato, sensível: um traço estático que define o ser.

Para percebermos como se dão as predicações, tivemos que recorrer à categoria atividade (assim como Severino precisou se fazer verbo). Isso acabou nos revelando algo diverso. Descobrimos que a noção de uma personagem substancial, traduzível por proposições substantivas, oculta de fato a noção de uma personagem ativa, traduzível por proposições verbais.

O indivíduo não mais é algo: ele é o que faz.

Capítulo 2

QUE MOSTRA A FORMA *PERSONAGEM* SUCESSIVAMENTE COMO TRÊS OBJETOS DIFERENTES, E CONTINUA A FALAR SOBRE IDENTIDADE, AGORA COMO ALGO CONTRADITÓRIO: IGUAL E DIFERENTE; ESSÊNCIA E APARÊNCIA

Afirmamos que a identidade é posta sob a forma *personagem*. Por outro lado, vimos que personagens traduzíveis por proposições substantivas refletem uma concepção de identidade como traço estático de que um indivíduo é dotado. Finalmente, descobrimos que a visão quotidiana e pragmática de personagem substancial oculta o fato de que uma personagem se constitui pela atividade, sendo traduzível por proposições verbais. (O *papel* é uma atividade padronizada previamente.)

Mas, mesmo assim, corremos o risco de apenas ficarmos no jogo de palavras, se não atentarmos para o fato de que, se o indivíduo não é algo, mas sim o que faz, o fazer é sempre atividade no mundo, em relação com outros. Não basta descobrirmos que a ilusão da substancialidade nada mais é que a negação pela predicação da atividade.

É necessário vermos o indivíduo não mais isolado, como coisa imediata, mas sim como relação.

Só assim ele pode ser determinado, pois efetivamente ele é determinado pelo que não é ele, pelo que o nega.

Nesse outro nível de análise, então, a personagem já nos aparece como atividade e como relação (com outros que a negam e por isso a determinam).

Se lembrarmos que no caso do nome a atividade é nomear, chamar (e com isso nos determinar) poderemos entender melhor a questão da identidade ainda com o mesmo problema do nome.

Que pode significar: o nome nos identifica? Quer dizer, em primeiro lugar, que ele nos distingue, nos diferencia dos outros: o nome indica a identidade. Numa linguagem de dicionário, pode-se dizer que identidade é o reconhecimento de que um indivíduo é o próprio de quem se trata; é aquilo que prova ser uma a pessoa determinada, e não outra.

Porém, ainda recorrendo a dicionários, podemos verificar, em segundo lugar, que identificar também é confundir, unir, assimilar.

Ora distingue, diferencia; ora confunde, une, assimila. Diferente *e* igual.

Com isso, a questão do nome nos revela que identidade é diferença *e* igualdade (o que a autoapresentação do Severino já havia evidenciado).

Normalmente, no caso mais simples, temos pelo menos um prenome e um sobrenome. Nós os recebemos ao nascer. Na família o prenome nos separa, nos diferencia de nossos familiares (havendo homônimos, acrescenta-se filho, júnior, neto etc). O sobrenome nos assimila, iguala-nos a nossos familiares. Fazemos parte de uma família, confundimo-nos com nossos familiares: somos *um* daquela família.

Cada nome completo indica um indivíduo particular, como a unidade do singular (indicado pelo nome próprio) e do geral (indicado pelo nome de família).

Com isso, se revela um dos segredos da identidade: *ela é a articulação da diferença e da igualdade.*

A questão empírica dos nomes implica conhecermos como funciona, numa dada cultura, outros fatores de identidade, quais os esquemas classificatórios através dos quais as pessoas são localizadas na estrutura social. (O exemplo da mulher que se casa, em nossa sociedade, mostra isso: casada, adota o patronímico do marido.) O leitor interessado em conhecer um estudo que mostra a complexidade da questão do nome próprio (que não é nosso propósito aqui) poderá ler o trabalho de Françoise Zonabend, *Pourquoi nommer*, apresentado no seminário *L'Identité*, dirigido por C. Lévi-Strauss (ver Bibliografia).

Evidentemente, a questão do nome não se restringe à relação com a família. Refere-se também à nossa localização na sociedade, totalidade da qual a família é parte, mediação entre indivíduo e sociedade.

Com isso, transforma-se radicalmente o pesquisar sobre identidade. Anteriormente, a questão se colocava como descritiva apenas; o desafio era obter o maior número possível de informações. Agora, a questão é de compreensão, de entendimento: precisamos captar os significados implícitos, considerar o jogo das aparências. A preocupação é com o que se oculta, fundamentalmente com o desvelamento do que se mostra velado.

Sem querer afirmar que essa questão da compreensão tenha sido satisfatoriamente tratada aqui, mas apenas para exemplificar, cabe mencionar o esforço em compreender o que se ocultava sob certas aparências na história da Severina. Por exemplo, a *personagem* Severina-moleque (Livro II, Cap. 8), que em nenhum momento é mencionada na narrativa, mas cuja figura surge com muita força na história, apesar de encoberta.

Progressivamente vamos vendo a forma *personagem* modificar-se. Como a forma *mercadoria* no estudo do capital, a *personagem* começa a aparecer como objeto misterioso e fantasmagórico: um fetiche! (Há uma clara explicação disto em Iray Carone, 1984, p. 25.) Essa ideia já podia ser vislumbrada no próprio momento em que propusemos esse termo para referir à atividade que se coisifica pela predicação. O exemplo dado então pode ser aqui repetido: Severino é lavrador, mas já não lavra: a personagem Severino-lavrador subsiste independente da atividade que a engendrou; torna-se algo com poder sobre o indivíduo, mantendo e reproduzindo sua identidade, mesmo que ele esteja envolvido em outra atividade.

O indivíduo deixa de ser verbo para se tornar substantivo; ou melhor, na realidade continua verbo, mas o verbo *substantivar-se*...

Defrontamo-nos com o que poderia ser chamado de *fetichismo da personagem*, que vai explicar a quase impossibilidade de um indivíduo atingir a condição de *ser-para-si* e vai ocultar a verdadeira natureza da identidade como metamorfose, gerando o que será chamado *identidade-mito* e que adiante será melhor explicado, quando então essa noção de *fetichismo da personagem* provavelmente ficará mais clara.

A história de Severina, no período que começa com sua *peregrinação* até sua *loucura* (quando fica *a zero*) mostra esse fetichismo da personagem. Apesar de haver uma dialética de ocultamento/revelação de suas personagens escrava e vingadora, todas as mudanças que sofre estão sob o domínio dessas personagens e uma transformação efetiva, um salto qualitativo não se dá. Ela fica presa de uma *má infinidade*, em que as contradições não se resolvem como superação, são apenas *re*-postas num círculo infindável até ficar *a zero*, o que pode ser identificado como a *morte*, seguida da *vida* que começa a se concretizar com a personagem *moleque*.

Porém, com isso já estamos antecipando o assunto a ser tratado no próximo capítulo...

Capítulo 3

QUE CONTINUA A FALAR DE IDENTIDADE, AGORA COMO METAMORFOSE

Embora o capítulo anterior tenha terminado com a referência à personagem Severina-moleque para ilustrar a noção de metamorfose, como a *vida* que supera a *morte*, não podemos nos enganar achando que sua identidade (que é metamorfose) tenha começado só então.

Na verdade, a realidade sempre é movimento, é transformação. Quando um momento biográfico é focalizado não o é para afirmar que *só* aí a metamorfose está se dando; é apenas um recurso para lançar mais luz num episódio onde é mais visível o que se está afirmando.

Vamos recuar mais na história de Severina. Lembrar dela saída de sua palhoça para a antiga rua dos Ossos: encontramos o *bicho do mato* que quase lava o rosto no vaso sanitário; mas também encontramos o *bicho-humano* que "começa a entender e encontra significado para os acontecimentos: (...) os indivíduos têm intencionalidade (...) faz escolhas (...) sua atividade adquire sentido (...) um projeto: vingança!" (ver Livro II, Capítulo 2). É a partir daí que entra em cena a personagem Severina-vingadora; já havia a Severina-escrava (personagem-coisa).

Se se analisa a identidade como traço estático do ser, *ela* é escrava/vingadora. Estamos descrevendo.

Mas ela, de fato, aparece como bicho-humano-que-age: trabalha-escravamente, revolta-se, faz projetos etc. É a predicação da atividade, ocultando a atividade mesma.

Então, tudo isso é aparência da essência bicho-humano. É o que revela o esforço do entendimento.

Colocado isso assim simplesmente, não se corre o risco de continuar pensando a identidade como traço do ser, apenas de forma mais complexa, separando traços essenciais de traços aparentes?

Para avançarmos mais, vamos pedir ajuda a Heidegger e depois a Hegel, sem que isso seja uma adesão total e incondicional ao pensamento de ambos, ou mesmo a apenas um deles (o que se busca aqui é um pensar próprio).

Heidegger cita uma proposição de Parmênides que diz: "O mesmo, pois, tanto é aprender (pensar) como também ser". Está querendo explicar a *identidade* através do *mesmo*. Em seguida, retoma Parmênides: "O ser faz parte da identidade" (que se contrapõe à noção da metafísica de que a identidade faz parte do ser). Encontra-se este esclarecimento de Heidegger: "O ser é determinado a partir de uma identidade, como um traço dessa identidade" (1979, pp. 180-181). De certa forma, pode-se entender a identidade como a mesmidade de pensar e ser.

Estas citações servem para sublinhar a entrada em cena da Severina-bicho-humano, que começa falando: "Quando comecei a entender...".

"O mesmo, pois, tanto é aprender (pensar) como também ser" (Parmênides).

As palavras não são violentadas se *entender* (da Severina) aqui for interpretado equivalendo a *aprender* (pensar).

Então, se identidade é mesmidade de pensar e ser, a afirmação que Severina faz sobre sua ida para a antiga rua dos Ossos (quando começou a *entender*) adquire outro significado. Diz ela: "Foi daí para frente que começou minha vida".

Pode-se, então, compreender o que Severina diz como o lançar-se para concretizar sua identidade, sua mesmidade: a mesmidade do pensar e ser: buscar ser ela mesma, não como atualização de uma essência (ou um traço essencial); ser ela mesma, no sentido de que "o ser é determinado a partir de uma identidade, como um traço dessa identidade" (Heidegger).

No pensamento de Hegel encontramos algo semelhante: o movimento do *conceito* "é indivisivelmente o do pensamento e do ser. Ele (conceito) é pensamento e ser" (Garaudy, 1983, p. 140).

Sem a inversão idealista (que vê o conceito criando a realidade), podemos aproximar a *identidade* do *conceito*, especialmente se considerarmos que para Hegel o conceito é pensamento e ser; surgem de uma mesma gênese, não como três coisas justapostas, mas presença de todos em cada um deles, numa unidade que é o sujeito.

Conceito, pensamento e ser. Sua unidade: o sujeito.

Isso faz lembrar uma conclusão anterior aqui apresentada: identidade, consciência e atividade, como três categorias fundamentais para a psicologia social estudar o homem.

Essa lembrança pode indicar mais que coincidências ou convergências de pensamentos; nem seria o caso, pois não se trata de um estudo comparativo; mas pode simplesmente indicar um caminho frutuoso. Vamos, então, retomar o caminho que Severina estava nos mostrando.

Se é verdade, então, que o bicho-humano sempre esteve presente, querendo ser ele-mesmo, o que diz quando começa a se reconhecer como humano, isto é, ser ele mesmo?

Diz que (antes) "pensava: não vou mais ser escrava de ninguém (...) Sabe, no fim (hoje), eu sou escrava de mim própria".

Dois pensamentos, dois momentos. Que movimento aí está ocorrendo? A transformação das determinações exteriores em *autodeterminação* (e não uma impossível libertação das determinações exteriores...).

Mais anteriormente, seu pensamento era outro, era quase um não-pensar: "eu não pensava nas consequências que poderiam acontecer (...) eu nunca imaginava do bem-estar do ser humano, do outro". Era o ser sem mediações isolado, sensível ("era a coisa mais gostosa comer pão, como eu comi pão"). Agora, já pensa no outro, no ser humano; considera tudo se relacionando, reciprocamente se influenciando.

Quando explica sua metamorfose como "a gente ir se transformando permanentemente" deixa claro: "somos seres humanos, somos matéria".

Esforço de autodeterminação (mesmo que não plenamente concretizada), sem a ilusão de ausência de determinações, pois o ser humano é matéria.

Talvez seja importante, embora pareça detalhe secundário, mencionar mais um ponto: a unidade da subjetividade e da objetividade.

A autodeterminação supõe finalidade. De alguma forma, Severina sempre teve um objetivo a guiar seus passos. Um dos sinais da presença do bicho-humano é seu projeto de vingança. Na prática, sua subjetividade basicamente se expressava pelo sentimento de revolta e pelo desejo de vingança.

Mas, não havia nenhuma unidade entre a objetividade (escrava) e a subjetividade (vingadora). Como era seu projeto? Ganhar dinheiro, conseguir poder, comprar um revólver (ou alguma outra coisa), voltar e matar o pai e a amante, ou então contratar feiticeiros que realizassem sua vingança. Ela mesma não aparece transformando-se na finalidade a realizar.

Compare-se com o que diz bem mais tarde, com relação a dificuldades com vizinhos: "Têm um respeito, uma admiração (...) se não me transformar como vou transformar o ambiente (...) eu não sabia ser amável com ninguém, eu não sabia cultivar".

Ao aprender a ser *outra*, como que sai de si, torna-se *outra*, exterioriza-se na realidade. O subjetivo torna-se objetivo; e a recíproca também.

Aprender e ser, então, é o mesmo.

A unidade da subjetividade e da objetividade. Sem essa unidade, a subjetividade é desejo que não se concretiza, e a objetividade é finalidade sem realização.

Como Severina diz: "se não me transformar, como vou transformar o ambiente". E mais: "através da prática a gente vai se transformando"; acrescente-se: e vai transformando o ambiente.

Quando descobrimos o fetichismo da personagem, falamos da dificuldade do indivíduo atingir a condição de *ser-para-si*, criando o que chamamos de *identidade-mito*, o mundo da *mesmice* (da não mesmidade) e da *má infinidade* (a não superação das contradições).

Estamos vendo agora que *ser-para-si* é buscar a autodeterminação (que não é a ilusão de ausência de determinações exteriores); "torna-se escrava de si própria" (o que de alguma forma é tentar tornar-se sujeito); procurar a unidade da subjetividade e da objetividade, que faz do agir uma atividade finalizada, relacionando desejo e finalidade, pela prática transformadora de si e do mundo.

Estamos nos aproximando da identidade metamorfose, como a unidade da atividade, da consciência e da identidade.

Capítulo 4

QUE ABRE UM LONGO PARÊNTESIS PARA ESCLARECER ALGUMAS QUESTÕES QUE SÃO APRESENTADAS

Neste ponto (se já não antes) o leitor poderá estar achando este apenso contraditório — não no sentido da dialética — mas no vulgar. Pois, na sua Introdução não foi afirmado que o essencial já fora dito? Que os Severinos já nos ensinaram que identidade é metamorfose? Então, por que mais capítulos?

Mesmo que o leitor não esteja assim pensando, de qualquer maneira vale uma explicação.

O essencial foi dito pelos Severinos, isso é verdadeiro. Se suas histórias não evidenciam que identidade é metamorfose, tudo o que a mais for dito é mero jogo de palavras, retórica vazia.

Se a metamorfose falou através das narrativas e a escutamos atentamente, ela não precisa de outras explicações, além de sua própria manifestação.

Como o real é sempre movimento, transformação incessante, não deveria nem mesmo atrair nossa atenção uma afirmação como essa, que identidade é metamorfose; ela é óbvia; nem mesmo deveria ser considerada problema ou questão a ser pesquisado, já que compartilha da natureza de tudo que existe.

Porém, se chega a despertar nossa atenção, se chega a ser objeto de estudo e investigação, é porque a metamorfose pode nos aparecer como não metamorfose, como não movimento, como não transformação.

Se isso ocorrer (e, vemos, ocorre), então a verdadeira questão deve ser *explicar a não metamorfose*. Ou ela é mera aparência, mera ilusão, a ser desvelada, a ser desfeita, ou ela é a (ou uma) forma de identidade, e então é real, portanto deve ser conhecida.

Dizendo de outra forma. Como tudo que é, é transformação, o natural é a identidade ser metamorfoseado; não ser, ou é sobrenatural, ou é antinatural.

Falar do *sobrenatural* do lugar de onde falamos é impossível. A ciência tem como objeto o natural.

Falar do *antinatural* como existindo é falar que ele é natural.

Então, ou não existe naturalmente a não metamorfose, ou nem tudo que existe é naturalmente metamorfose.

Com essa argumentação se chega a dois pontos importantes:

1) A questão da identidade é uma questão central,

porque problematiza a própria natureza do real.

2) A questão da identidade posta como metamorfose se inverte no contrário: a não metamorfose.

Com relação ao primeiro ponto não há como discuti-lo. Toda história do pensamento humano tem essa questão (da natureza do real) como centro. Talvez o melhor lugar para analisá-la seria numa tese de filosofia e não de psicologia social.

De qualquer forma, muitas afirmações já feitas — e outras a serem ainda feitas — deixam à mostra de que posição se parte.

É evidente que a questão foi colocada já aceitando como verdadeira a afirmação de que o real é movimento e transformação. Isso deve deixar claro que o pensamento de Hegel exerce grande influência aqui (especialmente o Hegel da *Lógica*); os três capítulos anteriores até dispensariam esta declaração.

Essa influência, de um lado, é aumentada e, de outro, é reduzida, por um outro autor: Marx. É absurdo hoje desprezar e desconhecer (ainda que difícil de conhecer profundamente e em toda extensão) a contribuição do materialismo histórico.

Mesmo assim, é difícil se afirmar *marxista* hoje, sem cair em ambiguidades, pela simples e principal razão de que são inúmeros os *marxismos*.

Como este é um trabalho sobre identidade — e para indicar uma leitura de Marx com a qual nos identificamos —, é fundamental mencionar um terceiro autor que tem grande presença aqui: Habermas (ver em especial *Para a reconstrução do materialismo histórico*).

Essas informações têm um objetivo principal: dispensar a apresentação por extenso da posição de que se parte, com relação ao primeiro ponto atrás mencionado. Não é uma *filiação* no sentido de obediência obrigatória; é uma *atração* que não exige fidelidade (por isso não deve ser cobrada).

Antes de entrarmos no segundo ponto, ainda seria conveniente falar algo que, de certa forma, é relacionado com o primeiro.

Desde quando se pediu a ajuda de Heidegger e de Hegel, no capítulo anterior, pode ter ficado alguma confusão na questão das categorias científicas aqui consideradas: atividade, consciência e identidade (especialmente com relação à última).

Agora talvez haja condições de esclarecer melhor, introduzindo-se a categoria (filosófica) *matéria*.

É sabido que ao se afirmar a materialidade do real, deve-se sempre considerar que suas manifestações são sempre *formações materiais*. A rigor, o conceito de matéria só se aplica à totalidade do real. Cada coisa é uma formação material; tanto uma sociedade, como uma instituição, uma família, um grupo, como também um ser humano, todos são formações materiais particulares em relações recíprocas universais. Sempre que se faz um corte no real, pode-se estudar uma formação particular como geral (por exemplo, uma nação, que de fato é parte da humanidade), relacionada a outra formação particular, tomada como parte desse geral.

Então, ao estudar um ser humano, deve ficar claro que se está sempre estudando uma formação material determinada, qualquer que seja o corte feito na universalidade das relações recíprocas em que está inserido (o que autoriza, sem ilogicidade, por exemplo, falar tanto em identidade pessoal como em identidade(s) coletiva(s) no âmbito das ciências humanas).

Ao estudar a identidade de alguém — da Severina, como exemplo — estuda-se uma determinada formação material, na sua atividade, com sua consciência — vale repetir — não como três coisas justapostas, mas presença de todas em cada uma delas, como uma unidade.

Com isso, o que se está querendo afirmar é a materialidade da identidade.

Isso de forma alguma conflita com a noção de identidade-metamorfose, exatamente porque a possibilidade de transformação é uma propriedade da matéria, propriedades que toda e qualquer formação apresenta, como parte da totalidade (matéria).

Começamos este Livro III dizendo que os dois casos severinos têm algo em comum, referido pela expressão *morte-e-vida*.

É disso que continuamos falando.

Se não há nada que não seja devir, a superação, no devir, não é aniquilamento, mas metamorfose: morte-e--vida.

Estamos falando da possibilidade de transformação.

Assim, além de *matéria*, devemos lembrar outra categoria filosófica (ou lógica), que orienta esta análise: *possibilidade*. "Podemos definir a realidade como uma possibilidade já realizada e a possibilidade como realidade potencial", o que se explica pela "capacidade das coisas materiais (da matéria) de passar uma nas outras" (Cheptulin, 1982, p. 338).

O próximo capítulo encaminhará a discussão da questão da não metamorfose.

Capítulo 5

QUE, PARA ENCAMINHAR A DISCUSSÃO DA NÃO METAMORFOSE, FALA DE PERSONAGENS, AUTORES E ATORES

Vimos que a questão da identidade posta como metamorfose se inverte no contrário, como não metamorfose.

Para podermos analisar isso, temos que voltar ao início, quando vimos a identidade ser representada pelo nome (próprio).

Geralmente, quando alguém fala seu nome é porque, implícita ou explicitamente, outra pessoa lhe pergunta: Como você se chama?

Isso permite uma observação aparentemente simplória e óbvia: não se costuma ter dúvida de que alguém se chame de algum modo; parece até absurdo pensar na hipótese de alguém não se chamar (e ser chamado) por um nome, exceto talvez um recém-nascido: como ele vai se chamar?

Ou seja, sempre há a pressuposição de uma identidade; sempre uma identidade é pressuposta. Podemos até desconhecê-la; mas, pressupomos sua existência. Até mesmo na pergunta sobre o recém-nascido há um *ele* (pronome, no lugar do nome...) indicando a mesma pressuposição em relação àquele pequeno ser humano.

A pergunta não precisa ser tão específica. Pode ser mais aberta: Quem é você? A resposta não precisa ser o nome. Outras representações servem como respostas. De qualquer maneira, novamente o perguntar traz implícito que sempre existem respostas que identifiquem uma pessoa.

Colocada a questão assim simplesmente, a dificuldade do estudo da identidade seria simplesmente a obtenção de dados válidos e fidedignos; ou seja, quanto *mais* dados, quanto *melhores* fossem os dados, teríamos *mais e melhor* conhecida a identidade.

Contudo — e o Severino já nos mostrou isso — quanto mais dados ele fornecia (na sua autoapresentação), mais se evidenciava a dificuldade de fazer conhecida sua identidade. Que solução encontrou? Deixar de falar os dados e pedir que nós o observássemos na sua ação (migrar). Isso nos permitiu descobrir que somos atividade e que o *dado* é o resultado do *dar-se*. Com isso, a história não fala mais só pelo dizer do Severino, fala através dos "irmãos das almas", dos "rezadores", da "mulher da janela", dos "coveiros", do "mestre carpina", das "ciganas" etc. Ao mesmo tempo que vamos conhecendo as novas personagens, que surgem a partir da atividade do Severino, este vai sendo melhor conhecido.

São personagens que vão se engendrando umas às outras pelo agir e pelo dizer. (Com isso, no caso da obra literária, vai se constituindo o poeta — autor do poema — que, como personagem da sociedade, só existe pelo seu agir e pelo seu dizer.)

À medida que as personagens vão se constituindo, vai se constituindo também um universo (imaginário no caso do poema), que "é um conjunto de significações constituídas em virtude das relações inter e intraimagens". Essa afirmação de Victor Knoll (1983, p. 28) vem acrescida da explicação de que um universo de significados "não é constituído por uma consciência empírica (...) o poeta-em-obra não é um sujeito empírico. É antes um lugar. A significação do mundo na imagem brota do próprio mundo, como apreensão do poeta-em-obra". Ou seja, se há um *fazer* (atividade) no qual emerge o poeta (personagem da sociedade), há *o sujeito* da ação que executa a obra (em geral a história). O autor não se define como sujeito (como fundamento), mas sim como *campo*. Victor Knoll esclarece melhor essas afirmações ao concluir que "a língua, invenção anônima e coletiva, passa a ser, na obra, um discurso poético, uma invenção assinada e individual que ao espelhar um espírito coletivo ultrapassa o indivíduo — transborda a assinatura. Toda autoria é anônima; traz um nome cuja propriedade é coletiva" (p. 38).

Assim, personagens vão se constituindo umas às outras, no mesmo tempo que constituem um universo de significados que as constitui.

A narrativa que Severina faz do seu drama (não literário) também é um discurso de um autor-em-obra. Na sua história, as personagens-Severinas se constituem reciprocamente, tanto quanto cada uma (e todas) se constituem junto com as demais personagens (a mãe, o pai e sua amante, o marido, o filho, os patrões, *o pessoal do centro*, a catequista budista etc.).

De um lado, distinguimos uma autoria coletiva da história — da qual todos somos coautores — história que todas as personagens (que somos) montam, constituindo-se reciprocamente. Os autores mesmos são personagens da história.

De outro lado, há uma autoria individual, *invenção assinada*, que é daquele personagem chamado *autor* e que, de fato, sempre é um *narrador*, um *contador de histórias*.

O ator, o que age, o que exerce a atividade, só existe como personagem — como ser-em-si é devir personagem —, existe sempre num universo de significados, como figura. (É óbvio que não estamos nos referindo ao *ator* personagem da sociedade, um artista profissional.)

O ator é um eterno *dar-se*: é o fazer e o dizer. Um ator pode se tornar *autor* quando é poeta-em-obra, o fazer e o dizer do poeta, o obrar. Disso resulta o feito e o dito, a obra (de arte no caso do poeta).

Se lembrarmos da narrativa autobiográfica da Severina, que aparece cortada-e-costurada no Livro II, veremos na descrição que faz de si, de sua identidade, sair não uma mas várias personagens.

A Severina-de-hoje prenuncia a Severina-de-amanhã e fala da Severina-de-ontem como se fala de outra pessoa.

Buscando ir além do esquemático e do aparente, descobrimos a Severina-na-infância-que-não-teve sair como Severina-bicho do mato e se mostrar Severina-bicho-humano; vemos a Severina-vingadora negando (sem superar) a Severina-escrava; esta, na ilusão da superação, aparece como Severina-noiva-iludida que se descobre também Severina-com-encosto-de-Exu. A ilusão se desfaz e entra em cena a Severina-bicho-acuado-quase-mortalmente-ferido, que se salva como Severina-doente-mental. Salva-se morrendo para conseguir ser Severina-moleque--aprontador, que vira Severina-manicure. A morte não fora completa. A Severina-baiana-que-virou-budista esconde ainda a Severina-mãe-proprietária e anuncia a Severina--que-está-virando-japonesa.

São múltiplas personagens que ora se conservam, ora se sucedem; ora coexistem, ora se alternam. Essas diferentes maneiras de se estruturar as personagens indicam como que *modos de produção* da identidade. Certamente são maneiras possíveis de uma identidade se estruturar; quando há predominância de uma talvez se pudesse falar num modo dominante de produção. O modo pelo qual se organizava a identidade de Severina na primeira fase de sua vida era o de conservar as personagens; na segunda fase, muda para personagens que se sucedem. Estamos estudando e pretendemos futuramente publicar dois casos (dados já coletados), que talvez pudessem ilustrar bem os outros dois *modos*: o da *bruxa-cientista* (coexistem as duas personagens) e outro do *executivo-que-na-lua-cheia--é-lobisomem* (personagens que se alternam). Aqui, quando se fala em identidade-mito contraposta a identidade-metamorfose há essa ideia de *modo de produção*, ao menos como analogia, quem sabe simples metáfora.

Por ora, queremos apenas apontar o fato de que uma identidade nos aparece como a articulação de várias personagens, articulação de igualdades e diferenças, constituindo — e constituída por — uma história pessoal.

Identidade é história. Isso nos permite afirmar que não há personagens fora de uma história, assim como não há história (ao menos história humana) sem *personagens*.

Como é óbvio, as personagens são vividas pelos atores que as encarnam e que se transformam à medida que vivem suas personagens. Enquanto atores, estamos sempre em busca de nossas personagens; quando novas não são possíveis, repetimos as mesmas; quando se tornam impossíveis tanto novas como velhas personagens, o ator caminha para a morte, simbólica ou biológica. A loucura, nesse sentido, é o esforço de criação de um novo universo — louco porque singular, não compartilhado — consequentemente *fuga* de *uma* realidade: a realidade quotidiana. A loucura, quando bem-sucedida, é morte para a vida. Isso ocorreu com Severina, que foi bem-sucedida por ter podido viver o *moleque-aprontador*. Se permanecesse isolada no mundo da loucura, se não conseguisse uma personagem que a ligasse ao mundo quotidiano (e por este fosse aceito), concretizaria plenamente a que, atribuída, encarnava: a Severina-doente-mental. Era uma *loucura* o que Severina-moleque aprontava, mas era compartilhada, vivida no quotidiano. O limite da vida para qualquer ator é a morte biológica (ao menos para o ator que falece). De alguma forma, vemos o Severino no poema querendo chegar a esse limite porque não tinha mais personagens pela frente: descobrira-se moribundo, na *sua* história, a derradeira *deixa*; porém a história muda e descobre a possibilidade de viver humanamente (de uma maneira que o poema não chega a especificar).

Os desenvolvimentos da crise do ator-sem-personagem, empiricamente, podem ser mais diversificados, é claro (doenças, marginalidade, crime etc.). Contudo, tendencialmente o sentido é sempre de morte (biológica ou apenas simbólica). Enquanto a morte biológica não sobrevém, sua identidade de alguma forma precisa ser representada, levando-o, enquanto não falece, a viver uma personagem adequada, nem que seja a de moribundo, zumbi etc.

Embora todos sejamos atores, é praticamente impossível surpreender um que não esteja vivendo uma personagem, personagem que, já foi dito, frequentemente se torna um fetiche controlando o ator.

Diga-se de passagem, contudo, que há personagens sem atores, seja porque sobreviveram a estes (caso dos antepassados que veneramos, dos mortos queridos que não abandonamos, dos fantasmas que nos atemorizam etc.), seja porque os atores (presumivelmente) não existem e/ou nunca existiram (o caso dos entes sobrenaturais... nos quais não acreditamos, por exemplo, os deuses do Olimpo). Severina, durante muito tempo, viveu com um *encosto*: Exu a possuía às vezes; vimos em sua narrativa como seu quotidiano era controlado por isso; toda sexta e sábado ia ao centro espírita, dava dinheiro etc. Na época, vivia a Severina-com-encosto-de-Exu; hoje não age mais assim, não porque eliminou o *encosto*, mas sim porque eliminou o Exu, porque migrou do mundo de Exu. Fora desse mundo, a personagem vivida não tem existência.

Voltemos à personagem *autor da narrativa*. Enquanto era ouvida, ao narrar, era o autor-em-obra. O que temos agora é o feito e o dito. Temos agora o autor-da-obra.

Se diferenciarmos a personagem enquanto *dar-se*, da personagem enquanto *dado*, precisamos analisar como se dá o *dado*, como é produzido o produto, ou seja, o próprio processo de produção.

Isso porque, como já vimos, a resposta a perguntas do tipo: "Quem sou eu?", "Quem é você?", que nos aparece como representação da identidade de alguém, constitui o *dado*.

Para entendermos a identidade, precisamos entender o próprio processo de produção da identidade.

Capítulo 6

ONDE SE AFIRMA QUE A APARÊNCIA DE NÃO TRANSFORMAÇÃO RESULTA DO TRABALHO DA *RE*-POSIÇÃO

Identidade frequentemente é vista como representação (representada), vista como dada; vimos que considerá-la só do ponto de vista representacional (enquanto produto) deixa de lado o aspecto constitutivo (enquanto produção), bem como as implicações recíprocas desses dois momentos.

Mesmo assim, nosso ponto de partida pode ser a própria representação, mas considerando-a também como processo de produção, de tal forma que a identidade passe a ser entendida como o próprio processo de identificação.

Dizer que a identidade é um fenômeno social é óbvio e aceitável por quase toda gente.

Exatamente essa obviedade é que nos permitirá caminhar. Com efeito, se estabelecermos a distinção entre o objeto da nossa representação e a representação do mesmo, veremos que ambos se apresentam como fenômenos sociais e, como tais, sem características de permanência, não sendo independentes um do outro.

Não podemos isolar, de um lado, todo um conjunto de elementos (biológicos, psicológicos, sociais etc.) que podem caracterizar um indivíduo, identificando-o, e, de outro lado, a representação desse indivíduo, como uma espécie de duplicação mental ou simbólica, que expressaria a identidade do mesmo. Isso porque há como que uma interpenetração desses dois aspectos, de tal forma que a individualidade dada já pressupõe um processo anterior de representação, que faz parte da constituição do indivíduo representado.

Um exemplo pode clarear essa noção de identidade pressuposta. Antes de nascer, o nascituro já é representado como filho de alguém e essa representação prévia o constitui efetivamente, objetivamente, como *filho*, membro de uma determinada família, personagem (preparada para um ator esperado) que entra na história familiar às vezes até mesmo antes da concepção do ator. Posteriormente, essa representação é interiorizada pelo indivíduo, de tal forma que seu processo interno de representação é incorporado na sua objetividade social, como *filho* daquela família.

Quando essa pressuposição não existe ou é posta em dúvida, a constituição das personagens envolvidas pode ser problemática. Não será essa a diferença entre filhos adotivos bem-sucedidos e malsucedidos?

Na história de Severina, quando ela estava grávida, o marido a agrediu, dizendo que o filho não era dele; consequentemente, não seria o pai; consequentemente, a mãe não seria esposa fiel. Severina confessa que, de tanto o marido *azucrinar*, houve momentos em que chegava a achar que tinha amante, embora não tivesse (Livro II, Cap. 6). Noutro momento, para encobrir uma surra que lhe dera, o marido diz que ela era louca (que se jogou da janela); fala para os médicos, "os médicos acreditaram (...) e eu acreditei (...) como que pode, o que é a mente da gente (...) e daí eu fiquei louca; e fiquei!". O tom enfático de dizer a última expressão, *e fiquei!*, vale mais que qualquer explicação verbal. Quer sublinhar que *se tornou* uma louca, sofreu uma transformação radical. (Quanto ao filho, não sabemos como isso pode ter interferido.)

Voltando ao filho do exemplo genérico: é verdade que não basta a representação prévia. O nascituro, uma vez nascido, se constituirá como *filho* na medida em que as relações nas quais estiver envolvido concretamente confirmem essa representação, através de comportamentos que reforcem sua conduta como filho e tudo o mais que envolve a história familiar (até uma pergunta como Severina fez: "Papai, você matou mamãe?" contribui; qualquer resposta, exceto: "Não sou seu pai", confirma que quem perguntou é filha...). Temos que considerar também o aspecto operativo (e não só representacional).

Contudo, é na medida em que é pressuposta a identificação daquela criança como *filho* (e dos adultos em questão como *pais*) que os comportamentos vão ocorrer, caracterizando a relação paternofilial.

Dessa forma, a identidade do *filho*, se, de um lado, é consequência das relações que se dão, de outro é condição dessas relações. Ou seja: é pressuposta uma identidade que é resposta a cada momento, sob pena de esses objetivos sociais, *filho*, *pais*, *família* etc., deixarem de existir objetivamente (ainda que possam sobreviver seus organismos físicos, meros suportes que encarnam a objetividade do social).

Isso introduz uma complexidade que deve ser considerada aqui. Uma vez que a identidade pressuposta é reposta, ela é vista como *dada* e não como *se dando*, num contínuo processo de identificação. É como se, uma vez identificado o indivíduo, a produção de sua identidade se esgotasse com o produto. Na linguagem corrente dizemos *eu sou filho*; ninguém diz *estou sendo filho*.

Daí a expectativa generalizada de que alguém deve agir de acordo com suas predicações e, consequentemente, ser tratado como tal. De certa forma, reatualizamos, através de rituais sociais, uma identidade pressuposta, que assim é vista como algo dado (e não se dando continuamente através da *re*-posição). Com isso, retira-se o caráter de historicidade da mesma, aproximando-a mais da noção de um mito que prescreve as condutas corretas, reproduzindo o social.

O caráter temporal da identidade fica restrito a um momento originário — como se fosse uma *revelação* de algo preexistente e permanente —, quando, de fato, já vimos, nos *tornamos* nossas predicações; interiorizamos a personagem que nos é atribuída; identificamo-nos com ela. É discutível o grau de liberdade que um indivíduo tem de escolher (e de ser escolhido para) uma personagem; mesmo para adultos, esse grau de liberdade (ou o grau de seletividade da personagem) parece ter uma relação direta com a quantidade de poder a que a personagem dá acesso (ver Ciampa, 1977, p. 78). Vamos deixar essa discussão de lado e ficar com a da temporalidade da identidade.

Vejamos um exemplo: se *sou* professor, é porque me *tornei* professor; daí dizemos: *como sou professor*, então dou aulas, embora o correto deva ser: *como dou aulas*, então *continuo* professor. Se me identifico (e sou identificado) assim, tenho a identidade de professor *dada*, como uma posição (tal como *filho*).

Como ser social, sou um *ser-posto*.

A posição de mim (o eu *ser-posto*) me identifica, discriminando-me como dotado de certos atributos, de predicações, que me dão uma identidade considerada *formalmente* como atemporal. A *re*-posição da identidade deixa de ser vista como uma sucessão temporal, passando a ser vista como simples manifestação de um ser sempre idêntico a si mesmo na sua permanência e estabilidade.

A *mesmice* de mim é pressuposta como dada permanentemente e não como *re*-posição de uma identidade que uma vez foi posta.

Algumas personagens que compõem nossa identidade sobrevivem, às vezes, mesmo quando nossa situação objetiva mudou radicalmente. Qualquer psicoterapeuta razoavelmente bom poderá dar inúmeros exemplos de *filhos*, mesmo adultos, casados, pais etc., que continuam submetidos a esse personagem, como a um fetiche.

É interessante verificar que qualquer objeto, mesmo

mineral ou vegetal, deixado à sua própria natureza, transforma-se: um pedaço de metal oxida-se, uma peça de roupa abandonada envelhece e fica rota, um alimento deteriora. Na verdade, evitar a transformação — manter-se inalterado — é impossível; o possível, e que requer muito trabalho, é manter alguma aparência de inalterabilidade, por algum tempo, como resultado de muito esforço para conservar uma condição prévia, para manter a *mesmice*.

O ser humano também se transforma, inevitavelmente. Alguns, à custa de muito trabalho, de muito labor, protelam certas transformações, evitam a evidência de determinadas mudanças, tentam de alguma forma continuar sendo o que chegaram a ser num momento de sua vida, sem perceber, talvez, que estão se transformando numa... réplica, numa cópia daquilo que já não estão sendo, do que foram. De qualquer forma, é o trabalho da re-posição que sustenta a *mesmice*. Outros são levados a essa situação, involuntariamente, quando seu desenvolvimento é de alguma forma prejudicado, barrado, impedido; na nossa sociedade, encontramos milhões de exemplos de pessoas submetidas a condições socioeconômicas desumanas; às vezes, mesmo com condições favoráveis, milhares, talvez milhões de pessoas são impedidas de se transformar, são forçadas a se reproduzir como réplicas de si, involuntariamente, a fim de preservar *interesses* estabelecidos, situações *convenientes*, interesses e conveniências que são, se radicalmente analisados, interesses e conveniências do capital (e não do ser humano, que assim permanece um ator preso à *mesmice* imposta). Se lembrarmos de Severino, o que era intolerável era a *mesmice* do lavrador ("Pois fui sempre lavrador,/ lavrador de terra má." — p. 121); buscando outra personagem, descobre-se *moribundo* e pensa em suicidar-se. Existem casos de pessoas em boas condições socioeconômicas (não são *lavradores de terra má*) que, mesmo assim, consideram intolerável sua *mesmice*; se, por qualquer que seja a situação, não conseguem construir uma nova personagem, só lhes resta o caminho da autodestruição, cujo final pode ser o suicídio. Conhecemos um caso (agradecemos a comunicação pessoal feita pela professora Sílvia Lane), envolvendo um profissional liberal extremamente bem-sucedido, *bem-posto* na vida, que, inesperadamente, se suicida; ninguém até hoje conseguiu encontrar uma explicação razoável para esse extremado ato. Discutindo esse caso, achamos (a professora Sílvia Lane e eu) que foi uma forma de escapar à *mesmice* da quase *perfeição* que era sua vida; outra forma de sair teria sido (talvez) subverter radicalmente sua vida; mas para isso, teria que chocar-se com interesses estabelecidos, com situações convenientes, com toda certeza. Por outro lado, pode haver interesse em que uma *mesmice* seja substituída por outra mais conveniente; lembremos que, durante muito tempo, vimos a Severina-escrava permanecer na *mesmice*; que interesse poderia haver para permitir que escapasse da escravidão? Como ela mesma diz, "não dava certo mesmo, eu não tinha quem me ajudasse, eu não podia fazer nada, tinha que correr mesmo (...)". Em consequência, sua identidade é permanentemente resposta — até que consegue escapar pelo mundo da loucura. Daí trazer a escrava fugitiva de volta torna-se muito oneroso, ficando mais fácil e mais econômico transformá-la em escrava inutilizada, em doente mental na caixa do INPS. Acaba sendo definitivamente aposentada nessa condição. Oficialmente e em definitivo inutilizada como doente mental. No entanto, a Severina-de-hoje fala de sua loucura como uma época em que agia loucamente, uma época que passou. Por que agia loucamente?! Em última análise, porque não permitia a *re*-posição de sua identidade de escrava... como seria razoável dentro do princípio de realidade capitalista!

Assim como não se livrou do encosto de Exu (de fato, abandonou o mundo de Exu), também sua doença mental não foi curada (de fato, abandonou o mundo da loucura, para onde escapara fugindo da escravidão). A Severina-baiana-que-virou-budista refere-se a isso como duas épocas de *provação*. Ao ingressar no seu mundo atual, desaparece a Severina-doente-mental.

A *re*-posição da personagem Severina-vingadora deu-se, em certo sentido, de maneira diversa. Enquanto não desejava continuar escrava, seu desejo constante era a vingança. Podemos até nos perguntar se é assim que devemos entender seu desejo. A dúvida apoia-se na constatação de que o *bicho-humano* surge com esse projeto e durante muito tempo, praticamente, só essa finalidade lhe dava forças: chega a dizer que não podia morrer, pois tinha o que fazer; precisava de um sentido de vida; a vingança talvez tenha sido o único que lhe pareceu possível. De qualquer forma, foi a falta de condições objetivas que impediu que concretizasse mais (mesmo não plenamente) seu projeto.

A personagem permitida era a escrava; a desejada era a vingadora. Num aparente paradoxo, é da primeira que lhe vem a salvação. Tudo se dá como uma espécie de dialética do senhor e do escravo, entre as duas personagens.

Se nos perguntarmos a partir de que momento a reposição das duas personagens começa a cessar, como um círculo vicioso que vai parando seus ciclos, veremos que é quando fica *a zero*, e isso se dá basicamente a partir do confronto com o marido. Então, talvez diríamos melhor se víssemos aqui o confronto do senhor e do escravo. O marido a domina, a destrói — e sai destruído. Ela, destruída quase totalmente, vem a se salvar. Ele (ainda que objetivamente dominado) faz a mediação da dominação a que estão submetidos na sua condição de classe; sabe-se lá que transformações o *noivo ideal* sofreu na sua prática profissional como militar? Podemos supor!... Na sua condição subalterna (até na casa dos pais), não podia ser senhor de nenhum escravo (aparentemente, nem na prática profissional, pois exerca funções burocráticas). Então, restava a esposa. Só que, além de revoltada, como escrava, como vingadora-briguenta, ela também buscava poder. O confronto foi terrível. Já que a escrava não se submeteu, destruiu-a. Perdeu a escrava. Vencedor no confronto, sai como senhor, sem os despojos da guerra. Sua evolução posterior é degradação progressiva. Mas o que nos interessa aqui é antes verificar o que ocorre com Severina. Ficando *a zero*, criam-se condições para interromper a *re*-posição de suas personagens (melhoradas quando outras condições permitem o surgimento do *moleque*).

Não podemos saber o que teria sucedido se Severina não tivesse ficado *a zero*. Talvez ainda hoje estariam sendo re-
-postas a escrava e a vingadora.

Mas... isso já é raciocinar com o que não aconteceu. O que aconteceu é mais instrutivo e interessante.

Capítulo 7

NO QUAL SE AFIRMA QUE CADA UM É REPRESENTANTE DE SI MESMO, O QUE TRAZ CONSEQUÊNCIAS PARA O REPRESENTADO

É a estrutura social mais ampla que oferece os padrões de identidade.

A posição de uma identidade, em última análise, resulta de um processo de medida, em que dois objetos são relacionados, considerando-se um deles como o padrão que serve para identificar o outro; como o padrão não é problemático — pressupostamente é verdadeiro e correto —, por equivalência, o segundo também o é.

Vejamos: quando alguém é identificado como *pai*? Pode-se responder que é quando nasce uma criança gerada por esse indivíduo; esse fato, contudo, assim considerado, ainda é um fato físico — e ser pai é um fato social.

A paternidade torna-se um fenômeno social quando aquele evento físico é classificado como tal, por ser considerado equivalente a outras paternidades (prévias). *O pai* se identifica (e é identificado) como tal por se encontrar na situação equivalente de outros pais (afinal, ele também é filho de um pai). Se ele *é* pai (como algo já dado e não se dando), sua identidade de pai está constituída (é imutável).

Contudo, esse pai também é filho; esse *outro* que ele é, é negado na sua posição como pai, pois se ele permanecesse como filho, a posição de seu filho como tal estaria ameaçada, já que a diferença não se estabeleceria.

Através da articulação de igualdades (equivalências de fato) e diferenças, cada posição minha me determina, fazendo com que minha existência concreta seja a unidade da multiplicidade, que se realiza pelo desenvolvimento dessas determinações.

Em cada momento de minha existência, embora eu seja uma totalidade, manifesta-se uma parte de mim como desdobramento das múltiplas determinações a que estou sujeito. Quando estou frente a meu filho, relaciono-me como pai; com meu pai, como filho; e assim por diante. Contudo, meu filho não me vê apenas como pai, nem meu pai me vê apenas como filho; nunca compareço frente aos outros apenas como portador de um único papel, mas como uma *personagem* (chamada por um nome, Fulano, ou por um papel, o *papai* etc.), como uma totalidade... parcial. O mesmo pode ser dito de meu filho e de meu pai.

Dessa maneira, ao comparecer frente a alguém, eu me represento. Apresento-me como o *representante* de mim mesmo.

Em cada momento, é impossível expressar a totalidade de mim; posso falar por mim, agir por mim, mas sempre estou sendo o representante de mim mesmo. O mesmo pode ser dito do outro frente ao qual compareço (e que comparece frente a mim).

Com isso, estabelece-se uma intrincada rede de representações que permeia todas as relações, onde cada identidade reflete outra identidade, desaparecendo qualquer possibilidade de se estabelecer um fundamento originário para cada uma delas.

Esse jogo de reflexões múltiplas que estrutura as relações sociais é mantido pela atividade dos indivíduos, de tal forma que é lícito dizer-se que as identidades, no seu conjunto, refletem a estrutura social, ao mesmo tempo que reagem sobre ela, conservando-a (ou transformando-a).

As atividades dos indivíduos identificados são normatizadas, tendo em vista manter a estrutura social, vale dizer, conservar as identidades produzidas, paralisando o processo de identificação pela *re*-posição de identidades pressupostas, que um dia foram postas.

Assim, a identidade que se constitui no produto de um permanente processo de identificação aparece como um *dado*, e não como um *dar-se* constante, que expressa o movimento do social.

Para prosseguirmos, há necessidade de uma rápida digressão sobre o movimento do social: ele é, em última análise, a História.

A História é a progressiva e contínua hominização do homem, a partir do momento em que este, diferenciando-se do animal, produz suas condições de existência, produzindo-se a si mesmo, consequentemente.

A História, então, é a história da autoprodução humana, o que faz do Homem um ser de possibilidades, que compõem sua essência histórica. Diferentes momentos históricos podem favorecer ou dificultar o desenvolvimento dessas possibilidades de humanização do Homem, mas é certo que a continuidade desse desenvolvimento constitui a substância histórica dele, que só deixará de existir se não mais existir nem História, nem humanidade. Agnes Heller (1972, p. 10) explica essa ideia, chamando-a de *invencibilidade da substância humana* (entendida essa *substância* como produção histórica).

Assim, o homem como espécie é dotado de uma substância que, embora não contida totalmente em cada indivíduo, faz deste um participante dessa substância histórica.

Então, eu — como qualquer ser humano — participo de uma substância humana, que se realiza como histórica e como sociedade, nunca como indivíduo isolado, sempre como humanidade.

Nesse sentido, embora não toda ela, eu contenho uma infinitude de humanidade (o que me faz uma totalidade), que se realiza materialmente de forma contingente ao tempo e ao espaço (físicos e sociais), de tal forma que cada instante de minha existência como indivíduo é um momento de minha concretização (o que me torna parte daquela totalidade), em que sou negado (como totalidade), sendo determinado (como parte); dessa forma, eu existo como negação de mim-mesmo, ao mesmo tempo que o que estou-sendo sou eu-mesmo.

Em consequência, sou o que estou-sendo (uma parcela de minha humanidade); isso me dá uma identidade que me nega naquilo que também sou-sem-estar-sendo (a minha humanidade total).

Essa identidade que surge como representação de meu estar-sendo (como uma parcialidade) se converte num pressuposto de meu ser (como uma totalidade), o que, formalmente, transforma minha identidade (entendida como um dar-se numa sucessão temporal) num dado atemporal — sempre presente (entendida como identidade pressuposta resposta numa sucessão temporal).

Isso ocorre porque compareço perante outrem como *o representante de mim-mesmo*, a partir dessa pressuposição de identidade, que se encarna como uma parte de mim-como-totalidade. Essa identidade pressuposta não é uma simples imagem de mim-mesmo, pois ela se configurou na relação com outrem, que também me identifica como idêntico a mim-mesmo; desse modo, ao me objetificar (e ser objetificado por outrem) pelo caráter atemporal (formalmente) atribuído à minha identidade, o que estou sendo-como-parte surge como encarnação da totalidade-de-mim (seja para mim, seja para outrem); isso confunde meu comparecimento frente a outrem (eu como representante de mim) com a expressão da totalidade do meu ser (de mim como representado).

Tudo se passa como um ato jurídico perfeito e acabado. Quem fala é o representado, através do representante: como um advogado que, num processo, representa o cliente; as consequências do processo são sofridas pelo cliente; este é quem é condenado ou absolvido...

Capítulo 8

QUE MOSTRA O TRÍPLICE SENTIDO DA ATIVIDADE *REPRESENTAR*

Dois pontos citados anteriormente devem ser lembrados, para evitar o engano de pensarmos que a questão da identidade sempre se coloca de forma igual: temos que considerar a estrutura social e o momento histórico.

Assim, não podemos deixar de mencionar que vivemos numa sociedade capitalista. Isso traz consequências que, se exploradas em toda a sua profundidade, obrigariam o exame do funcionamento desse tipo de sociedade, o que nos afastaria durante muito tempo do ponto foco da nossa atenção. Podemos, contudo, nos socorrer de outros autores que já fizeram isso.

Já vínhamos de alguma forma fazendo isso. Toda essa questão da posição/*re*-posição da identidade é, em grande parte, inspirada numa análise feita por Giannotti

(1983). Gostaríamos de ajuntar uma outra contribuição, de Ruy Fausto (1983), que nos parece mais próxima de como estamos pensando a questão da identidade.

Ruy Fausto refere-se ao trabalho de Giannotti assim:

> Nessa obra se encontra também a distinção pressuposição/posição, mas em geral em forma diferente da que utilizo aqui. (Lá se considera o "homem" (pressuposto) como ontologicamente vazio, aqui como suscetível (em si) de um preenchimento progressivo, que torna possível a posição final), (p. 59)

Deixando de lado a controvérsia (e a discussão se essa interpretação é correta), queremos aproveitar a análise que faz do capitalismo.

Com a finalidade de mostrar que a ideia de um devir do homem (do homem-sujeito), em Marx, "é análoga à situação do espírito na *Fenomenologia do espírito*, de Hegel" (p. 28), Ruy Fausto fala do homem no capitalismo. Começa lembrando que:

> Do mesmo modo que, no esquema marxista da história, o homem só vem no final do que Marx denomina (ver prefácio à *Contribuição à crítica da economia política*) "Pré-história da sociedade humana" — o espírito só se apresente *enquanto espírito* no final da *Fenomenologia*. (p. 28)

Disso retira duas afirmativas: "o espírito (e o homem-sujeito de Marx — ACC) não é exprimível até que se chegue ao final do processo" e "até lá só são exprimíveis os predicados do espírito" (e do homem-sujeito de Marx — ACC). Explica que "a pré-história de um ser é, com efeito, a história de seus predicados", pois, nesse nível (pré-história), "os predicados desse ser não são suas *determinações* (pelo menos no sentido corrente) — sobretudo não são *suas* determinações — porque nesse nível ela ainda está ausente enquanto sujeito". Exemplifica: o homem é operário, é capitalista, "o homem está *lá*, mas só existe nos seus predicados; e estes predicados, em vez de serem determinações do sujeito *homem* (ou espécies do gênero *homem*), são de fato *negações* do homem enquanto homem. O operário, o capitalista (...) existem enquanto (e porque) o homem não existe: eles não existirão mais quando o sujeito *deles* vier à existência" (p. 29).

No capitalismo, de fato, o capital é sujeito: "o operário e o capitalista são suportes do capital, por serem suportes do dinheiro e das mercadorias — inclusive a força de trabalho" (p. 30).

Para finalizar as citações de Ruy Fausto:

> Se, dado que o homem, no capitalismo, não é um verdadeiro sujeito, em todos os juízos em que o sujeito gramatical é o homem, ele deve se refletir no seu predicado — dado que no capitalismo o capital é um sujeito no sentido ontológico (pleno), é necessário, ao contrário, que a reflexão não se efetue, que o sujeito capital não passe "nos" seus predicados, (p. 30)

Com isso, esperamos, fica clara a historicidade da análise que fazíamos da *personagem* como aquilo que nos tornamos pela predicação da atividade. Na expressão de Ruy Fausto, o homem passa nos seus predicados, reflete-se no seu predicado, por não poder se constituir como verdadeiro sujeito.

O homem, então, nesse nível da *pré-história* do sujeito, sempre se presentifica como personagem. Que significa isso?

Podemos retornar à conclusão a que chegáramos no capítulo anterior: ao comparecer frente a alguém, eu me represento. Apresento-me como o *representante* de mim mesmo.

Como me represento? Desempenhando papéis, assumindo papéis (decorrentes de minhas posições). Com isso, oculto outras partes de mim não contidas na minha identidade pressuposta e re-posta; caso contrário, não sou o representante de mim. Talvez o exemplo não expresse tudo que essa ideia contém, mas vamos nos lembrar de Severina contando quando compareceu frente ao médico do INPS e este ameaçou colocá-la numa camisa-de-força; na oportunidade, comentamos que o médico "talvez não entendesse. Pensava que estava tratando *de* uma doente mental, mas estava era tratando *com* uma vingadora-briguenta..." (ver Livro II, Cap. 7). Sua identidade pressupostamente era de doente mental; que papel podia desempenhar além de *paciente*? Tinha que ocultar a vingadora-briguenta (ou o que fosse de diferente). Como não o fazia, foi ameaçada (camisa de força); com isso, foi reposta sua identidade de doente mental, que age como *paciente* (e não impaciente...). Outro episódio ligado ainda a médicos do INPS mostra a *re*-posição da identidade de doente mental quando Severina, querendo permanecer na *caixa* teme não ser mais reconhecida como tal; de fato, pelo que se depreende de sua narrativa, simulou o papel de paciente-doente mental quando já se sentia melhor, para continuar com aquele benefício (*sic*) (ver Livro II, Cap. 8: "Já estava melhor (...) estava com medo (...) e eu consegui (...) falei que eu não estava bem (...) ele me deixou mais um ano (...) depois mais um ano (...)".

Sucessivamente, desempenha o mesmo papel. A Severina-representante-de-si-mesma tinha que desempenhar o papel que cabia à personagem da Severina-representada (Severina-doente-mental); caso contrário, ela não seria representante de si mesma! Isso ilustra bem a afirmação citada de Ruy Fausto: "o homem, no capitalismo, não é um verdadeiro sujeito, em todos os juízos em que o sujeito gramatical é o homem, ele deve se refletir no seu predicado". Severina é doente mental; então, Severina como ser humano não existe, existe como doente mental. Como, no sentido ontológico, o verdadeiro sujeito é o capital, chegamos à origem da loucura de Severina; seu marido, e outros, foi apenas mediação do movimento do capital.

Desempenhando sucessivamente o mesmo papel, estamos representando, como representação de nós mesmos e como representação (dramatúrgica) de um papel, assim como estamos representando — re(a)presentação — quando repomos no presente o que é pressuposto como nossa identidade.

Dado o caráter formalmente atemporal atribuído à minha identidade pressuposta (que é sucessivamente reposta), fica oculto o verdadeiro caráter (substancialmente temporal) de minha identidade (como uma sucessão do que estou sendo). Toda aparência é de estabilidade, ausência de movimento e de transformação: o ser estático, a identidade-mito, comandada pelo fetiche de uma personagem, com a qual nos identificamos (e somos identificados) e que nos coisifica. Somos substantivo (sem percebermos que, de fato, estamos sendo o verbo *substantivar-se*).

Se estamos desvelando aparências e afirmamos que o real é a atividade, que atividade é essa que engendra todo esse mecanismo?

No início deste Livro III (Cap. 1), afirmamos que "qualquer predicação é predicação de uma atividade anterior, genericamente de uma presentificação do ser". Podemos traduzir isso por *representar*:

1º) representar, quando compareço como o representante de mim;

2º) representar, quando desempenho papéis decorrentes de minhas posições;

3º) representar, quando reponho no presente o que tenho sido, quando reitero a apresentação de mim.

Aqui podemos localizar o segredo do *mau infinito* (ou da *má infinidade*), que dá uma especificidade própria do capitalismo ao que foi chamado de identidade-mito.

Talvez sociedades mais tradicionais, mais conservadoras, produzam identidades com aparência de não transformação muito mais convincentes; em sociedades capitalistas, que podem ser caracterizadas por uma grande mobilidade (social, geográfica, ocupacional, familiar etc.), isso pode suscitar dúvidas.

Porém, se lembrarmos que, já para a filosofia hegeliana, o devir do espírito e, para a filosofia marxista, o devir do homem, representa a verdadeira metamorfose do espírito e do homem como sujeito, como universal concreto, entenderemos que a simples mudança de aparências não significa a rigor transformação.

Se entendermos que ao me representar (no 1º sentido — representante de mim) transformo-me num desigual de mim por representar (no 2º sentido — desempenho de papéis) um *outro* que sou eu mesmo (o que estou sendo parcialmente, como desdobramento de minhas múltiplas determinações, e que me determina e por isso me nega), veremos que ao representar (no 3º sentido — re(a)presentar, repor no presente) estou impedido de expressar o outro *outro* que também sou eu (o que sou-sem-estar-sendo). Ou seja, se deixasse de representar (no 3º sentido), expressaria o outro *outro* que também sou eu, então negaria a negação de mim, (indicada pelo representar no 2º sentido).

Dizendo de forma diferente: essa expressão do outro *outro* que também sou eu consiste na metamorfose da minha identidade, na superação de minha identidade pressuposta.

Vamos lembrar da história de Severina; tenta sair do *zero* arrumando um emprego de doméstica (Livro II, Cap. 7). Devia representar (2º sentido) o papel de *empregada doméstica*; foi assim que compareceu frente aos novos patrões; contudo, a Severina assim representada (1º sentido) não era só isso, mas era como estava sendo, como desenvolvimento de suas determinações; enquanto permanecesse na representação (3º sentido) da doméstica, nada se alteraria, sua identidade pressuposta estaria sendo re-posta cotidianamente. Eis que surge um outro *outro*, a Severina-moleque: de alguma forma, não representa mais (3º sentido) o papel que representava de doméstica (2º sentido); negação da negação; o *moleque-aprontador* surge como um outro *outro*, como uma síntese da escrava e da vingadora, que não elimina, mas retoma noutro nível a Severina-criança-na-infância-que-não-teve. Ao mesmo tempo, interrompe outra metamorfose que estava se processando às avessas, do ser para o não-ser; o bicho-humano se transformava em coisa: primeiro escrava, depois doente-mental, num *mau infinito* cuja tendência era a morte, a coisa inerte, a doente mental crônica etc. Ainda que tratada veterinariamente, isso lhe permitiu a re-posição da escrava, como doméstica. Ao se dar a negação da negação, o *moleque-aprontador* também retoma a louca: o moleque é uma criança escravizada que se vinga fazendo loucuras; o círculo se fecha: são puerilidades, são criancices...

Evidentemente, com este exemplo, não queremos afirmar que Severina se tornou *homem-sujeito*, que a metamorfose se completou; isso seria não ter noção de processo, achar que mudanças ocorrem por passes de mágica: *abracadabra*, e Severina é outra.

O que se está querendo afirmar?

A negação da negação (como exposto) permite a expressão do outro *outro* que também sou eu: isso consiste na *alterização* da minha identidade, na eliminação de minha identidade pressuposta (que deixa de ser *re*-posta) e no desenvolvimento de uma identidade posta como metamorfose constante, em que toda humanidade contida em mim se concretiza. Isso permite me representar (1º sentido) sempre como diferente de mim mesmo (deixar de presentificar uma apresentação de mim que foi cristalizada em momentos anteriores, deixar de repor uma identidade pressuposta).

Tudo isso indica uma possibilidade e uma tendência. Sua realização se dá sob condições históricas, sob condições materiais determinadas.

Se é verdade que uma identidade concretiza uma política, dá corpo a uma ideologia, fica claro sob que condições vivemos quando percebemos que na nossa sociedade o devir *homem-sujeito* é praticamente impossível (ao menos universalmente).

A metamorfose, ainda quando impedida, ainda quando oculta, expressa a *invencibilidade da substância humana*, como produção histórica e material.

Capítulo 9

QUE ACRESCENTA ESCLARECIMENTOS PARA PREVENIR ALGUMAS ARMADILHAS

Como havíamos chegado à conclusão de que a questão da identidade posta como metamorfose se inverte no contrário, a não metamorfose (Cap. 4), procuramos a partir daí explicá-la. Vimos a identidade como pressuposição e como *re*-posição; em seguida, mostramos como o representar, adquirindo tríplice significado, se arma no jogo da *má infinidade*, que tem como consequência bloquear o devir do homem-sujeito, seja por impedir que a metamorfose se concretize, seja por escamotear o verdadeiro sentido da metamorfose sob a aparência de mudanças que são meras re-posições, e não superações dialéticas.

Alguns esclarecimentos suplementares talvez tornem mais claras essas ideias.

Antes de mais nada, atentar para o fato de que se usou o termo *alterização* (tornar-se outro) quando no final do capítulo anterior se explica a negação da negação, entendida ali como o desenvolvimento de uma identidade posta como metamorfose constante. Com esse termo, alterização, se quis expressar a ideia de uma mudança significativa — um salto qualitativo — que resulta de um acúmulo de mudanças quantitativas, às vezes insignificantes, invisíveis, mas graduais e não radicais. Assim, o que se está considerando é a conversão de mudanças quantitativas em mudanças qualitativas.

Na história de Severina (final do Cap. 10, Livro II), podemos ver uma ilustração disso. Sua adesão ao budismo se dá progressivamente; o referido capítulo termina assim: *o fruto está maduro para ser colhido*!

Podemos, esquematicamente, refazer seu caminhar para isso. Quando começou sua *peregrinação*, tinha uma certeza sensível: os outros são *maus* (por oposição, ela era *boa*); para ela, era uma evidência imediata. Demora muito a ter essa certeza abalada: há os médicos (principalmente o dono) do hospital onde trabalhava, depois há os patrões das duas casas onde trabalhava antes de ser manicure, há uma cliente que lhe indica outras, há várias pessoas com as quais entra em contato que não eram más; a Severina-de-hoje, retrospectivamente, deixa isso claro, mas se pensarmos, por exemplo, no *moleque*, tem-se a nítida impressão de que ainda ela se julgava *boa* e os patrões, *maus* (porque *aprontava*), mas sua convicção estava abalada, sua percepção tornava-se contraditória (aprontava *molecagens* e não *ruindades*, na verdade); toma consciência explícita dessas contradições quando a catequista budista fala dos seus defeitos ("e ainda eu que sou ruim?" — responde a catequista: "Sim, senhora, a senhora é que é!"). A noviça é rebelde, discorda. Será possível? Ela é *má* e os outros são *bons*? A contradição se agudiza. Mudanças quantitativas, não radicais, graduais, se acumulam. Finalmente, um salto qualitativo: "Tanto a gente tem dentro de bom, como a gente tem estados de ruins" (Livro II, Cap. 12). Comenta isso para evidenciar sua metamorfose; reconhece-se e é reconhecida como humana; identifica-se com o outro como humano: "Somos seres humanos, somos matéria".

A conversão de mudanças quantitativas em qualitativas pode induzir ao erro de um pensamento mecanicista — levar-nos a um determinismo que, de fato, é imobilismo e conformismo —, pois, ingenuamente, podemos pensar que então é só aguardar o acúmulo de mudanças, deixar a história *agir*, esperar que a *invencibilidade da substância humana*, inevitavelmente, inexoravelmente, acabe por tornar cada um e todos *sujeitos*.

Não é assim que Severina pensa: "eu tenho que lutar pra transformar aquilo" (Livro II, Cap. 12). É como se ela falasse — o existir humanamente não está garantido por uma mudança que se dá naturalmente, mecanicamente.

A nível da consciência, isso parece comprovar um salto qualitativo. Alguém, contudo, poderá perguntar: mas que novidade há na afirmativa de Severina? Afinal, sua vida toda foi uma luta constante. Lutar é o que nunca deixou de fazer. Qual a mudança?

Ao escutar as palavras, é preciso ouvi-las atentamente. Como era antes sua luta? "(...) eu pastei tanto, só vivo pastando (...)" (Livro II, Cap. 10). Uma luta brutal, quase animal, porém a consciência bem menos desenvolvida.

Se compararmos com o Severino, talvez possamos perceber uma diferença. Da mesma forma, a vida dele sempre foi luta:

> (...) abrandar estas pedras
> suando-se muito em cima,
> (...) tentar despertar terra
> sempre mais extinta (Livro I, Cap. I)

Contudo, não se ouve dele palavras que indiquem avanço de consciência. Pelo contrário:

> e em que nos faz diferença
> (...)
> se acabamos naufragados
> num braço de mar miséria? (Livro I, Cap. 2)

Na verdade, quem expressa uma consciência mais desenvolvida é mestre carpina:

> muita diferença faz
> entre lutar com as mãos
> e abandoná-las para trás. (Livro I, Cap. 2)

Não estamos querendo comparar os dois Severinos. Estamos apenas mostrando que, à medida que vão ocorrendo transformações na identidade, concomitantemente ocorrem transformações na consciência (tanto quanto na atividade).

Isso vai também como esclarecimento suplementar, que pode ajudar a não cairmos no mecanicismo. Sempre devemos estar considerando as três categorias.

Estamos percebendo que há armadilhas, que nelas sempre podemos cair. Percebemos que pensar — como viver — é perigoso, mas, como o viver, é encantador. Sim, encantador em duplo sentido: delicioso, agradável ao satisfazer nossas necessidades mais profundas; e feiticeiro, mágico ao nos seduzir, iludir, enganar.

Esse comentário surge a propósito do alerta para riscos e armadilhas em que podemos cair. O do materialismo mecanicista não é o único. Seria despropositado aqui (e quiçá impossível) alertar para todos os riscos, para as principais armadilhas.

O aviso geral é que sempre há uma tendência para o encobrimento, a aparência, o velamento, a dissimulação etc. São perigos que surgem na atividade, na consciência e na identidade.

Ao nos aproximarmos da dialética, buscamos exatamente superar esses obstáculos. Contudo, para isso, temos que entender a dialética não como dogmática e apriorística — mero formalismo —, mas como movimento do real.

Essas afirmações não são declarações programáticas extemporâneas. São a explicitação, ainda que sintética, do alerta geral para as armadilhas que podem surgir ao pensarmos a realidade.

Ao mesmo tempo, explicam por que sempre procuramos, ao longo deste trabalho, entremear evidências empíricas a análises teóricas. Nosso cuidado tem sido o de acompanhar o movimento real de Severina (e também, muitas vezes, como aparece figurado no Severino).

Acreditamos que, com esta suplementação, tenha ficado clara a questão da metamorfose que se inverte como não metamorfose.

Capítulo 10

ONDE É CONSIDERADA A CATEGORIA *CONSCIÊNCIA* (INVERTIDA COMO INCONSCIENTE)

Vimos a categoria *identidade* como metamorfose, invertida como não metamorfose, através do mecanismo da *re*-posição/pressuposição. Vimos também a categoria *atividade*, genericamente, como presentificar, que, invertida como representar, adquire tríplice significado, articulando o mecanismo da má-infinidade (presentificar invertido como representar).

Com isso, está completa a análise da identidade, que se expressa sob a forma personagem? A personagem, momento da identidade, que se converte num fetiche?

Há uma frase, no mínimo intrigante, de Severina, quando evidencia que a Severina-de-ontem não é ela (Severina-de-hoje); que não se identifica com ela-mesma no passado; que é como uma terceira pessoa de quem narra a história (Livro II, Cap. 13):

> (...) parece que foi assim, como se diz, eu sofria de amnésia (...) é uma esponja, passou uma esponja, não lembro!

Falamos *no mínimo intrigante* porque ela se lembra sim, só que: "estou conversando aqui, é interessante, eu converso sobre ele (marido) estou conversando, falo tudo isso; saio daqui pra fora acabou, não existiu mais (...)"

Não deveremos distinguir, como fez Ecléa Bosi (1979), *duas memórias* (p. 11)? O que Severina aponta não é a *memória-hábito*. Não mais. Descobriu que se tornara *outra* na oportunidade em que, encontrando-se com o marido (antes queria ver o *cão*, mas não o marido), "dentro de mim alguma coisa não disparou". Ao sair da casa do sogro, "sabe quando a gente está flutuando, feliz na vida...". Sua memória da Severina-de-ontem vai se tornando pura *evocação*. (Ecléa Bosi vai relacionar memória, especialmente a segunda citada, e inconsciente — ver p. 14.)

Como não estamos querendo discutir memória, mas a personagem, vejamos o que se pode retirar daí.

Talvez seja importante atentarmos para a expressão usada por Severina: "dentro de mim alguma coisa não disparou". Lembremos também que foi então que Severina deixou de se referir ao marido pelo prenome, chamando-o daí para a frente pelo sobrenome. Duas personagens que desaparecem e outras que se formam.

Na nossa linguagem, Severina deixou de representar uma personagem quando presentificou uma nova (que depois passou a representar).

No Cap. 11, vemos Severina ser encorajada pela catequista-budista (como uma diretora de teatro...) a *viver* a nova personagem, noutra história, sem simular, sem caricaturar. Demonstra ter conseguido isso, no Cap. 13, quando afirma: "tem que assumir aquilo na realidade", o que foi comentado como o ponto em que o ator atinge a espontaneidade, tornando-se convincente e digno de admiração (tanto que Severina é premiada com uma viagem ao Japão, algum tempo depois).

Se entendemos bem o que ocorreu com Severina, podemos afirmar que o problema da *amnésia* não é só um problema de memória, mas também de identificação. São dois processos: lembrar-se ou não e identificar-se ou não; o identificar-se com algo, lembrado ou não, *dispara alguma coisa dentro*. Daí o lembrado poder ser hábito ou evocação (quando há ou não identificação).

Contudo, aqui, só a aparência é de simplicidade.

Talvez para levar às últimas consequências a metáfora da personagem, é interessante examinarmos um autor como Stanislavski, que tem uma obra sobre *A construção da personagem* (1983). Para não estarmos a todo momento fazendo ressalvas, fique claro que é um recurso à analogia, e não uma redução da realidade social à realidade do teatro.

Antes de mais nada, o que pode ser considerado ponto de partida, para o que nos interessa aqui, é que "os artistas só podem atuar com êxito sob certas condições necessárias" (p. 291). Já vimos isso com Severina. Para criar condições, é necessário trabalhar, transformar possibilidade em realidade (Severina diz: "lutar para transformar"). Quem deve trabalhar, quem é responsável pelo êxito? "Todos os que trabalham no teatro, desde o porteiro (...) até os diretores, a equipe e, finalmente, os próprios atores, todos eles são cocriadores com o autor, o compositor (...) Todos participam da produção (...) o espectador, tanto como o ator, é também um participante ativo da representação e, portanto, ele também precisa ser preparado (...)" (pp. 290-291). De alguma forma, essa consciência da responsabilidade coletiva, Severina começa a desenvolver mais no final. Stanislavski vai dedicar a maior parte do seu livro, obviamente, à preparação do ator (inclusive tem outro livro com este título, *Preparação do ator*, 1964). Visa conseguir com tudo isso o que chama de *estado criador exterior* e de *estado criador interior*, que se reúnem num *estado criador geral*.

Encerra ambos os livros (e este é o ponto que interessa aqui) falando do *subconsciente*.

Para ficar claro onde pretendemos chegar, vale a pena transcrever uma descrição que Stanislavski faz do que ocorre no *estado criador geral*: "Nessas horas, um artista criador sente sua própria vida na vida do seu papel e a vida de seu papel idêntica à sua vida pessoal. O resultado dessa identificação é uma metamorfose miraculosa" (*Preparação do ator*, p. 273).

No fundo, é isso que Stanislavski busca: o artista criador numa metamorfose miraculosa. Praticamente, explica todo o processo. Inclusive, explica seu *sistema* (ou *método*) como algo não forjado ou inventado, pois "faz parte das nossas naturezas orgânicas. Baseia-se nas leis da natureza" (*A construção da personagem*, p. 313). Termina este segundo livro dedicando sua última aula "ao louvor do maior artista que conhecemos (...) a natureza" (p. 321). É quando confessa que algo, nem tudo, conseguiu explicar: o *subconsciente*, alguma coisa que interfere decisivamente na construção da personagem e na representação do ator.

Para falar do *subconsciente*, fala de raros atores criadores que "deixam um rastro de impressões maravilhosamente belas, estéticas, harmoniosas, delicadas, de formas inteiramente sustidas e perfeitamente acabadas"; comenta que isso não pode ser alcançado com estudo de sistemas ou aprendizado de técnica. "Não. Isso é criatividade verdadeira, vem de dentro, de emoções humanas, não teatrais (...) Aí não há lugar para raciocínios e análises. Não pode haver nenhuma dúvida quanto ao fato de que esta qualquer coisa inesperada ergueu-se do fundo manancial da natureza orgânica. O próprio ator é avassalado e cativado por ela. É transportado a um ponto que ultrapassa a sua consciência." (p. 324)

Essa longa referência tem por objetivo permitir uma reflexão sobre a terceira categoria que vimos considerando: a consciência.

Quando Stanislavski fala de algo que emerge do "fundo do manancial da natureza orgânica", por certo está falando de *vida*. Por isso, "o resultado dessa identificação é uma metamorfose miraculosa" (aqui isso pode ser traduzido como a identidade-metamorfose expressa como personagem representada por um ator; e aqui já foi afirmado que metamorfose é vida).

Contudo, é preciso notarmos que fala de atores criadores (em oposição a não criadores); para ele, a criação não resulta de aprendizagem técnica (apenas). Quando o ator não é criador, não há uma "mutação verdadeira" (p. 48), não há metamorfose, há simulação, clichê, teatralidade (diríamos, mera *re*-posição sem identificação).

Em síntese, podemos entender que, para Stanislavski, além do treino, da aprendizagem técnica, das condições etc., alguma coisa diferencia o ator criador: o algo que emerge do "fundo manancial da natureza orgânica", que é, em última análise, vida. Mas... todo ator vivo dispõe de vida! Então, haverá duas raças de atores, os criadores e os não criadores? (Evidentemente, não queremos desprezar diferenças individuais; apenas perguntamos se essas diferenças são de tal ordem que se possa falar de duas espécies de seres humanos.) Evidentemente, não.

Onde está a diferença? Stanislavski já falou, sem conseguir explicar: o *subconsciente*.

Aceita como válida a interpretação daquele *fundo manancial* como vida e a constatação de que o devir do ser do homem é também devir consciência; então, podemos afirmar que essa diferença está nos diferentes desenvolvimentos da consciência.

Para entender a ideia, precisamos distinguir entre o *manancial*, o que ainda pode devir consciente, e o consciente, que se inverte como inconsciente e retorna ao *manancial*. Assim como a questão da metamorfose se inverte como não metamorfose, a questão da consciência se inverte como inconsciente. Num certo sentido, é o conhecimento invertido como ilusão, especialmente o conhecimento de si invertido como ilusão acerca de si mesmo.

Freud já ensinou que (e como) conteúdos são excluídos da consciência, através dos mecanismos de defesa. Seria longo, difícil e inoportuno discorrer aqui a respeito. Toda a psicanálise e seus desenvolvimentos posteriores tratam, em última análise, dessa questão.

O que estamos querendo afirmar é que, dadas as relações recíprocas que unem as três categorias científicas aqui consideradas, a questão da *metamorfose* implica com reciprocidade a da *consciência*, assim como a da *não metamorfose* igualmente implica, também com reciprocidade, a do *inconsciente* (tudo isso, é lógico, também relacionado com *representar*, como atividade).

Alguns comentários para finalizar este capítulo.

Quando explicamos (no Cap. 8 deste Livro III) a negação da negação pela não-representação (3º sentido — repor no presente), falamos que isso torna possível eu expressar o outro *outro* que também sou eu. Isso pode ser assemelhado à supressão de certas conexões causais, as quais geram uma certa invariância biográfica "representada pela compulsão à repetição, mas suscetível de ser removida pelo poder da reflexão" (Habermas, 1982, p. 286). Fundamentalmente, é o que se propõe o método psicanalítico, ao tornar o inconsciente consciente pela superação das resistências.

Neste trabalho, como não foi utilizado esse método (o que impede interpretações das *profundezas*), a narrativa autobiográfica analisada ficou praticamente restrita às representações conscientes, o que não significa que a psicanálise (com seus desenvolvimentos) não possa ser utilizada no estudo da identidade; pelo contrário. Especialmente uma psicanálise livre dos perigos do mecanismo, do a-historicismo (e de certo positivismo) tem muito a contribuir.

Outra grande contribuição possível é a de Moreno e seus seguidores. Além da abordagem dramatúrgica em si, especificamente vale comparar a questão da espontaneidade, da criatividade etc. De qualquer forma, "Roma não se fez em um dia"; não há como considerar tudo numa única vez. Por outro lado, pode haver uma outra razão; como diz Dalmiro M. Bustos, "a obra escrita de Moreno é caótica. Não há ordem nem rigor, mas sim frequentes contradições. São moléculas riquíssimas que requerem uma reordenação" (1982, p. 22). Talvez estejamos aguardando essa reordenação e um avanço.

Capítulo 11

ONDE A IDENTIDADE APARECE COMO CONCRETO E COMO POSSIBILIDADE

Já próximo o final da autonarrativa de Severina, esta se apresenta, a um só tempo, como criança numa "vida que agora estou construindo" e como adulto preocupado com questões políticas, a bomba, a paz mundial; de outro lado, aparece como a baiana-que-virou-budista-e-está-virando-japonesa.

Que pode ser apreendido disso, além da evidência empírica de que identidade é metamorfose?

A evidência de que metamorfose é o desenvolvimento do concreto.

É como Hegel explica: "a matéria, que, como formada, tem forma, torna a ser matéria para nova forma" (1980, p. 339). As imagens que Hegel utiliza são claras; cada momento do desenvolvimento do concreto é um degrau derradeiro de degraus anteriores, ao mesmo tempo que "é o ponto de partida e o primeiro de um sucessivo desenvolvimento" (pp. 338-339). O movimento do concreto é "uma série de desenvolvimento, que se não deve representar à maneira duma linha reta dirigida para um infinito abstrato, mas à maneira dum círculo que volta sobre si mesmo e cuja periferia é uma grande quantidade de círculos, em que é ao mesmo tempo uma grande série de desenvolvimentos que giram sobre si mesmos" (p. 339).

Se utilizarmos essas imagens para falar da metamorfose como desenvolvimento do concreto, podemos dizer que as personagens são momentos da identidade, degraus que se sucedem, círculos que se voltam sobre si em um movimento, ao mesmo tempo, de progressão e de regressão.

A identidade, como concreto, está sempre se concretizando. Por isso mesmo dissemos que, para conhecer a Severina-que-está-virando-japonesa ou, de forma mais indeterminada, a Severina-de-amanhã, precisamos aguardá-la e, então, ouvir sua história.

Tentar estudar uma identidade plenamente concretizada exigiria estudá-la no limiar da morte biológica, como uma espécie de extrema-unção, ou então (se possível!) mediunicamente...

Ao mesmo tempo, como o concreto é a síntese de múltiplas e distintas determinações, o desenvolvimento da identidade de alguém é determinado pelas condições históricas, sociais, materiais dadas, aí incluídas condições do próprio indivíduo (Stanislavski não afirmou: "os artistas só podem atuar com êxito sob certas condições necessárias"?).

Dessa maneira, a concretude da identidade é sua temporalidade: passado, presente e futuro. Aparentemente, então, a dificuldade maior para o conhecimento da identidade estaria no futuro que, por definição, hoje não é conhecido. Dizemos aparentemente, antes de mais nada, porque há uma interpenetração entre as diversas dimensões do tempo que relativiza qualquer exclusivismo, bem como restringe determinadas ênfases. Por isso, ficar discutindo se o importante é o passado, o presente ou o futuro é perder a visão de totalidade e tornar a identidade abstrata. No fundo, esse é o fulcro da questão da não metamorfose: ao conhecer a identidade como *mesmice*, como sempre igual a si mesma, exclui a temporalidade e, consequentemente, a diferença; então, a identidade deixa de ser a articulação da diferença e da igualdade (independentemente da temporalidade, ela também é unidade do igual e do diferente); então, deixando de ser a identidade essa articulação, ignorada essa unidade, a identidade se torna abstrata. A identidade é concreta; a identidade é o movimento de concretização de si, que se dá, necessariamente, porque é o desenvolvimento do concreto e, contingencialmente, porque é a síntese de múltiplas e distintas determinações. O homem, como ser temporal, é ser-no-mundo, é formação material. É real porque é a unidade do necessário e do contingente.

  Parece que é colocar mal a questão, colocá-la como uma disputa para verificar que dimensão temporal é mais importante. O mais importante é verificar como o conhecimento das diferentes fases pode contribuir para o amplo conhecimento da identidade. Severina é a Severina-de-ontem, a Severina-de-hoje e a Severina-de-amanhã. Ficar só no ontem é tão absurdo quanto ignorá-lo. O mesmo vale para o hoje e para o amanhã.

Quando afirmamos que, como ser histórico, como ser social, o homem é um horizonte de possibilidades, estamos pensando em todas as dimensões do tempo. Mesmo um fato ocorrido, que é definitivamente irrecorrível, tem desdobramentos e significados imprevisíveis, bem como transformações infindáveis. De um lado, o homem é ser-posto; de outro, é vir-a-ser. É concreto.

Voltemos à questão do futuro. Empiricamente, ele só é acessível acontecendo; mas, então, já se tornou presente. Aquilo a que temos acesso empiricamente são desejos, projetos, tendências, possibilidades. Por isso, anteriormente, quando mencionamos a categoria *matéria*, imediatamente lembramos a categoria *possibilidade*.

> Eu sempre tinha vontade de fazer curso de manicure, sempre eu tive, toda vida. (Cap. 9, Livro II)

Quem ouve a narrativa tem uma surpresa. Não conhecíamos esse desejo, que agora se concretiza como projeto. No seu desenvolvimento, concretizou-se a Severina-manicure, que conheceu a catequista budista etc. Retrospectivamente, é fácil perceber. Mas não é porque um projeto não se realiza que não é real (como projeto). A Severina-vingadora também encarnou um projeto; a Severina-*vingada* (tal como idealizada originalmente) é que não se concretizou. A construção da personagem não teve êxito por falta de condições e porque o ator acabou concretizando outra(s) personagem(ns).

A Severina-de-hoje manifesta desejo de voltar ao Japão. Não parece um simples anseio, do tipo "gostaria tanto de voltar... se conseguir, ficarei contente"; ela diz: "tenho que voltar; vou voltar". Parece empenhada, um propósito firme. Como que se adivinha um significado relevante para sua identidade nesse projeto em formação. Se vai realizá-lo ou não, como saber? Podemos apenas avaliar as possibilidades, considerar as condições, tanto subjetivas como objetivas.

Se o desenvolvimento da identidade dependesse apenas da subjetividade, ficaria menos difícil (embora não fácil), mas depende também da objetividade.

Por isso, o homem é desejo. Por isso, o homem é trabalho.

O desejo o nega, enquanto dado; o trabalho é o dar-se do homem, que assim transforma suas condições de existência, ao mesmo tempo que seu desejo é transformado.

Na práxis, que é a unidade da subjetividade e da objetividade, o homem se produz a si mesmo. Concretiza sua identidade. O devir humano é o homem, ao se concretizar.

"Então, tem que ser tudo da gente, pela gente." (Severina, no Cap. 10, Livro II)

Capítulo 12

QUE PÕE COMO QUESTÃO
A IDENTIDADE HUMANA

Quando afirmamos a materialidade da identidade, vimos que as formações materiais particulares existem em relações recíprocas universais. Ao afirmar sua temporalidade, vimos que cada momento seu também existe em relações recíprocas universais, com uma infinitude de momentos temporalmente distintos. Ao afirmar a concretude da identidade, que se desenvolve pelo desejo e pelo trabalho, reconhecemos, necessariamente, sua socialidade e sua historicidade.

Tudo isso nos remete a uma questão final (embora existam outras).

Que significa *identidade humana*?
É possível falar em *identidade humana*?
Que queremos dizer quando dizemos que alguém se identifica como humano?

Cairemos na tautologia de que partimos nesta reflexão crítica, dizendo: "ser homem é igual a ser homem"? É possível reconstruir uma lógica do devir humano a partir do empírico?

São perguntas avassaladoras, que nos conquistam, nos dominam (delas não podemos fugir, nos libertar) e que, ao mesmo tempo, nos oprimem, nos esmagam (delas sentimos medo, pavor mesmo).

Então, não por audácia, nem por certeza de vencê-las, mas como vassalos sem liberdade para ignorá-las, temos que ouvi-las. Timidamente, com nossos frágeis recursos, temos que olhá-las de frente e acreditar que conseguiremos escapar.

Por onde começar? Talvez pelo final seja melhor. Como encontramos Severina depois de tudo o que viveu e o que narrou?

"Hoje ela se preocupa também com questões políticas. Discute a situação brasileira. Alerta para os riscos da corrida armamentista. Fala da *bomba*. Encarece a necessidade da paz mundial. Quer o respeito pela vida!" (Cap. Final do Livro II).

Já estávamos alertados: ainda que isso seja *fala* da personagem construída na e pela organização budista (e talvez ecos de sua viagem ao Japão), não será isso também *fala* do *bicho-humano*, que resultou nessa identificação como *uma metamorfose miraculosa*? Não poderemos admitir que, assim, "qualquer coisa inesperada ergueu-se do fundo manancial da natureza orgânica" desse ator que hoje representa (e representa com êxito) sua personagem, num cenário dado, com diretores, porteiros etc. dados, com outros atores, com outras personagens dadas, sob condições dadas? Se amanhã tornar-se um ator que só repete o sucesso conseguido, cairá na *mesmice* pela *re*-posição de sua identidade, numa *má-infinidade*. Isso é possibilidade. Mas não nos deve impedir de apreciar sua representação atual e de atentar para suas palavras.

Em síntese, o que fala? Fala da conservação da vida, do respeito a ela. Implicitamente, propõe normas éticas, com pretensões de validade universal.

Algumas pessoas de cabeça *feita* (*e* não *se fazendo*) poderão dizer que isso é idealismo.

Para responder a esses eventuais opositores, ouçamos o que Habermas (1983) diz, num contexto diverso (mas não substancialmente diferente):

> Se isso é idealismo, então é preciso dizer que ele faz parte, de modo altamente naturalista, das condições de reprodução de um gênero que deve conservar a sua própria vida através do trabalho e da interação e, portanto, *também* por força de proposições capazes de verdade e de normas carentes de justificação, (p. 13)

Isso é dito por Habermas para introduzir a questão do "fundamento normativo da teoria marxiana da sociedade"; posteriormente vai refletir sobre uma possível ética universalista. Discute isso concretamente num capítulo intitulado "As sociedades complexas podem formar uma identidade racional de si mesmas?" (1983, p. 77), no qual descobrimos semelhanças entre o que ele chama de *iden*-

tidade pós-convencional e o que já chamávamos de *identidade metamorfose*. Com essa semelhança (e é lógico que existem diferenças), pudemos nos socorrer de suas reflexões, e aqui vamos nos socorrer outras vezes, sem constrangimento, mas sem servilismo; se e quando nossos pensamentos se afastarem, será dito.

Na tentativa de fornecer algumas indicações sobre o contexto de fundo em que essas questões se colocam, vale a pena fazer algumas citações de Habermas, extraídas de outra obra sua, *Conhecimento e interesse* (1982):

> Da mesma forma como Marx com o termo sociedade, Freud compreende como "cultura" aquilo pelo qual a espécie humana se eleva para além das condições da existência animal. Ela é um sistema de autoconservação que, antes de mais nada, preenche duas funções: a afirmação do homem contra a natureza e a da organização das relações dos homens entre si. (p. 290)

Na parte de onde retiramos esse trecho, Habermas está fazendo uma reflexão que poderíamos chamar *epistemológica* sobre o pensamento freudiano. Para fazê-lo, várias vezes estabelece comparações com Marx. Como havíamos aqui relacionado a identidade com o desejo e o trabalho, suas reflexões podem ser sugestivas. Segue comparando esses dois autores, numa rica e densa exposição que obriga qualquer resenha a ser infiel. Por isso, sabendo de antemão que essas referências nunca substituirão a leitura do texto, vamos apenas selecionar pontos que mais diretamente interessam para nossa sequência.

Marx estava convencido de que a espécie humana se elevara outrora sobre as condições animais de existência pelo fato de haver ultrapassado os limites da inteligência animal, podendo, em consequência, transformar um comportamento adaptativo em agir instrumental. Como base natural da história lhe interessa, por isso, a organização corpóreo-especificada da espécie sob a categoria do trabalho possível: *o animal que fabrica instrumentos*, (p. 295)

A seguir, Habermas estabelece a seguinte contraposição, que nos ajuda a entender a distinção que faz entre o *agir instrumental* e o *agir comunicativo*:

O olhar de Freud, pelo contrário, não estava voltado para o sistema do trabalho social, mas para a família. Ele supôs que os homens se distinguiram dos animais no momento em que tiveram sucesso em inventar uma agência que socializasse a prole biologicamente ameaçada e dependente por um período relativamente longo. Freud estava convencido de que a espécie humana se elevara outrora sobre as condições animais da existência pelo fato de haver ultrapassado os limites da societarização animal, podendo em consequência transformar um comportamento regulado pelo instinto em um agir próprio à comunicação (humana). Como base natural da história lhe interessa, por isso, a organização corpóreo--especificada da espécie sob a categoria do excedente impulsional e sua respectiva canalização: *o animal inibido em suas pulsões e que, ao mesmo tempo, fantasia*, (p. 295)

Para o primeiro, então, o problema básico seria a organização do trabalho, em última análise ligada ao desenvolvimento das forças produtivas; para o segundo, "o desenvolvimento de instituições capazes de resolver, de forma estável e duradoura, o conflito entre o excedente pulsional e a coerção da realidade" (p. 296).

Em outra obra, Habermas (1983), discute como o desenvolvimento de novas relações de produção pressupõe aprendizagens novas na esfera do agir comunicativo, condicionando de certa maneira o desenvolvimento das forças produtivas.

Sem negar grande mérito ao pensamento freudiano (inclusive encontra nele, inicialmente, algumas vantagens ligadas exatamente à questão do agir comunicativo), Habermas faz severa crítica a Freud:

> Assim Freud vê também o processo cultural da espécie como uma realidade presa à dinâmica das pulsões: as forças libidinais e agressivas, potestades pré-históricas da evolução, perpassam por assim dizer o sujeito da espécie e determinam sua história. Ocorre que o modelo biológico da filosofia da história não é outra coisa do que a sombra refletida do modelo teológico, ambos igualmente pré-críticos. As pulsões como *primum movens* da história, cultura como resultado de sua luta — uma tal concepção teria esquecido que acabamos de adquirir privativamente o conceito de impulso pulsional, única e exclusivamente, a partir da deformação da linguagem e da patologia do comportamento. No plano antropológico não deparamos com necessidades que não estejam já interpretadas em termos de linguagem e não estejam sim-

bolicamente fixadas em ações virtuais, (pp. 198-199)

É a partir disso que vai colocar Marx em vantagem, como "herdeiro da tradição idealista, (que) manteve tacitamente a síntese como ponto de referência: a síntese de uma porção da natureza subjetiva com uma natureza objetiva para esta síntese". Como a *natureza em si* é incognoscível:

> As formas pelas quais o conflito é decidido são, pelo contrário, dependentes das condições culturais de nossa existência: trabalho, linguagem e poder. (p. 299)

Submetidos a condições de coerção ("uma objetivação, cujo poder repousa unicamente sobre o fato de o sujeito não se reconhecer nela como em seu outro"), nosso interesse é o de libertação dessa coerção. Por isso (adotando pressupostos materialistas), Habermas inverte a fórmula idealista, "o interesse é inerente à razão", para "a razão é inerente ao interesse", interesse pelo sistema social, pela clarificação da situação, em que "a patologia das instituições, igual à patologia da consciência individual, (está) instalada no seio da linguagem e da atividade comunicativa, assumindo assim a forma de uma deformação estrutural do entendimento entre os homens". Desse modo, comentando Freud, Habermas afirma:

> O interesse da razão tende à progressiva execução revolucionário-crítica, mas sempre *a título de ensaio* (i. é, sem a certeza totalitária — ACC), a saber: para a realização das grandes ilusões da humanidade; nelas os mo-

tivos recalcados têm sido burilados em fantasias de esperança. (p. 301)

Sintetizando, o interesse da razão pela autoconservação da espécie não é direta e imediatamente a reprodução da espécie, "eis que esta espécie precisa primeiro, ela própria, interpretar o que merece ser vivido sob as condições de existência da cultura" (p. 302), ou seja, dependendo das estruturas do trabalho, da linguagem e do poder.

Esta longa referência a Habermas mostra-nos que, a despeito de diferentes pontos de partida sobre como a humanidade garantiu seu desenvolvimento — esquematicamente, o trabalho ou a socialização (dinâmica pulsional) —, há como que um princípio norteador levando a espécie a se elevar acima da existência animal, ou seja, pode-se perceber, através dos dois pensamentos comparados, um movimento progressivo de humanização do homem, graças a um sistema de autoconservação da espécie (sociedade ou cultura), que no fundo é traduzível pelo *interesse da razão*.

O final da história de Severina levou-nos ao princípio de tudo: a espécie humana se elevando acima das condições de existência animal. Encontramos a partir daí um movimento que se objetiva como um sistema de autoconservação da espécie (não importando, por ora, que o chamemos de *sociedade* ou de *cultura*). Descobrimos que esse movimento é a afirmação do homem frente à natureza e à organização das relações humanas; descobrimos também que daí resultam conflitos. Percebemos que a realidade, sendo sempre síntese do subjetivo e do objetivo, determina que os conflitos sempre se expressem (e sempre sejam decididos) sob formas historicamente dadas, levando-nos a recusar o modelo biológico da filosofia da história (passando então a ser importante explicitar o que queremos dizer quando falamos *em sociedade* ou *em cultura*). A liberdade *para* virmos a ser humanos (não a liberdade vazia *de* qualquer coisa), recusando a coerção (uma objetividade em que a subjetividade não se reconhece), cria o interesse de garantir a autoconservação da espécie, o interesse pela libertação — um interesse racional e não uma razão interesseira —, o interesse pela progressiva humanização da espécie humana, que se elevou acima das condições de existência animal. Esse interesse é que determina o que merece ser vivido nas condições dadas.

Identidade humana...

Capítulo 13

NO QUAL SE BUSCAM ELEMENTOS NO DESENVOLVIMENTO DO INDIVÍDUO PARA ENTENDER O INTERESSE DA RAZÃO

O interesse pela autoconservação da espécie humana define, então, de modo racional (e radical), o princípio norteador da evolução social, da história.

Contudo, a história nem é um deus que conduz os homens a seus desígnios secretos, nem é um processo com um fim último; isso seria, ainda, reduzir o homem à condição de coisa, desconhecer a infinitude humana, conceber os homens como seres que chegarão a realizar a plenitude e que nada mais pudessem vir-a-ser, depois de um momento dado; seria considerar que tudo o que *foram*, são, serão e podem ser se esgotasse num absoluto que negasse a dialética do fenômeno humano.

O homem é um ator — e não um marionete —, ator que, já vimos, é participante ativo e solidário de uma produção coletivamente realizada. Todos somos cocriadores. Nessa criação, já vimos também, construímos nossas personagens — personagens que vão se construindo umas às outras, ao mesmo tempo que vamos constituindo um universo de significados que nos constitui.

Um universo de significados... nunca será demais repetir o esclarecimento adicional que Habermas faz: a reprodução da vida precisa ser mediatizada pela interpretação do que merece ser vivido, sob as condições dadas.

> (...) ele (marido) me massacrava (...) eu enfrentava e saía toda quebrada (..) e eu enfrentava. (Livro II, Cap. 4)

O leitor deverá lembrar Severina narrando sua luta contra a escravidão, a exploração e a violência. O marido era alto, forte, "da cavalaria (...) das polícias especiais (...) era enorme, daquelas patrulhas (...)". E Severina? "Quanto que eu pesava? 45 quilos." Uma conduta *irracional* da parte dela, *loucura* de Severina? Correr o risco de perder a vida, ainda mais grávida! Perigar a reprodução da vida! Na verdade, aparentemente irracional, aparentemente louca: é Severina quem diz isso, não por palavras; achava que a submissão possível não era algo que merecesse ser vivido. Suas ações dizem isso; enfrentava! O enfrentamento é que merecia ser vivido!

Talvez fosse a única alternativa que Severina, na ocasião, vislumbrou de luta. Só no final da sua história (desculpem: de sua narrativa, a história continua) aparecem indícios, talvez tênues, talvez difusos, talvez confusos, de que o problema da coerção, da escravidão, da exploração, da violência tem um significado político, uma dimensão mais ampla; consequentemente, haverá outras formas de luta, de enfrentamento, de libertação. Não seria forçar demais a interpretação de suas palavras pensar que, um pouco antes de sumir o ódio pelo marido (para nós agente e mediador da coerção social), já se inicia um movimento de sua consciência nessa direção. As expressões que então utiliza podem adquirir outro sentido: "Comecei a ligar uma coisa na outra, a ligar as coisas, os pontinhos; sabe um jogo de xadrez? eu então comecei a lidar as pedras" (Livro II, Cap. 13); note-se que diz *ligar as coisas* e depois *lidar as pedras* (não é erro datilográfico...).

Que jogo de xadrez? A sociedade?

Curiosamente, Habermas exemplifica o agir estratégico assim:

> Quem, jogando xadrez, repete movimentos absurdos, desqualifica-se como enxadrista; e quem segue regras diversas das que constituem o jogo de xadrez não está jogando xadrez. (1983, p. 33)

Evidentemente, o exemplo individual pode colocar noutro nível o que estava sendo discutido, o interesse pela autoconservação da espécie. Contudo, dependendo de como pensarmos essa separação, se não considerarmos o caso individual, a questão do devir humano deixa de ser concreta, torna-se questão abstrata.

O singular materializa o universal na unidade do particular.

Se tudo isso é verdadeiro, e não mero filosofema, a análise do desenvolvimento histórico — tanto a ontogênese quanto a filogênese — deve revelar, seja no caso do individual, seja no caso do social, um nexo entre si, além de, consequentemente, um nexo também entre seus estágios de desenvolvimento.

O enorme crédito que aqui outorgamos a Habermas foi nos ter ajudado a pensar esse problema; e maior ainda porque ele nos fornece elementos concretos para considerá-lo um problema real, e não metafísico, além de equacioná-lo cientificamente.

Quando discute a questão da identidade, Habermas fundamenta criticamente (e concretamente) seu pensamento em teorias científicas, principalmente nas de Marx (sociedade) e de Piaget (indivíduo).

O problema que Habermas coloca — como uma contribuição para a reconstrução do materialismo histórico — é investigar se se podem descobrir homologias entre o desenvolvimento do indivíduo (ontogênese) e o desenvolvimento da espécie (filogênese), já que considera uma tarefa fundamental do pensamento crítico desenvolver uma teoria da evolução social, com bases concretas e racionais. A partir da sua teoria da comunicação, pretende dar uma contribuição neste sentido.

É nesse contexto que se torna fundamental a distinção que faz entre o agir instrumental e o agir comunicativo (já mencionado quando citamos a comparação entre Marx e Freud).

Pensando na evolução social, Habermas demonstra que o incremento de racionalidade no agir instrumental se dá pelo acúmulo de saber verdadeiro (verdadeiro empírica ou analiticamente), enquanto no agir comunicativo esse incremento de racionalidade depende de normas intersubjetivamente válidas, do desenvolvimento de estruturas normativas (nada tendo a ver, consequentemente, com a verdade proposicional, mas com a veridicidade das exteriorizações intencionais e com a justeza das normas).

Essa preocupação de Habermas em categorizar o agir instrumental e o comunicativo justifica-se pela sua convicção de que "as estruturas normativas não seguem simplesmente a linha de desenvolvimento do processo de produção, nem obedecem simplesmente ao modelo dos problemas sistêmicos, mas têm — ao contrário — *uma história interna*" (1983, p. 31); note-se que fala: "não seguem *simplesmente*"; deixa claro a todo momento que não são processos independentes. No fundo, está dizendo mais especificamente o que já afirmara antes: "a cultura permanece um fenômeno superestrutural, embora na passagem para novos níveis de desenvolvimento ela pareça ter um papel mais preeminente do que o supuseram até agora muitos marxistas" (1983, p. 14).

Sem essa convicção (de que compartilhamos), em última análise, só nos resta aguardar que o desenvolvimento do processo produtivo, mecanicamente, promova a evolução social, e rotular de idealismo utópico qualquer iniciativa, por exemplo, de alterar rotinas cotidianas, mudar condutas de administradores, substituir conteúdos normativos, implementar novos valores, buscar novas identidades etc. O exemplo de Severina, que na ocasião parecia uma *loucura*, pode nos dar alguma esperança: sempre há quem enfrente alguém, mesmo sendo mais forte, mais alto, mais violento; recusando viver o que não merece ser vivido; procurando viver o que merece ser vivido.

Ora, sendo o incremento da racionalidade no agir comunicativo dependente do desenvolvimento de normas intersubjetivamente válidas (nisso estando incluída a questão da identidade), a progressiva concretização de uma identidade humana será sempre, antes de mais nada, uma questão política: Nas condições dadas, o que merece ser vivido? Que possibilidades reais (e não meramente formais) devem ser favorecidas? Que condições necessárias devem ser produzidas? Que desejos desejar? Que trabalhos trabalhar? Que trabalhos desejar? Que desejos trabalhar?

São perguntas e outras que tais que devem orientar a atividade prática do homem, que sua razão prática formula; perguntas cujas respostas não podem ser equacionadas só praticamente; se pudessem, não deveriam; mas não podem, pois não há ação sem conhecimento, e vice-versa. É o interesse da desrazão, a razão interesseira que quer isolar prática e teoria. O trabalho, que é humanização, inverte-se em desumanização, pela divisão (ir)racional do trabalho em manual e intelectual. O interesse da razão é a identidade da prática e da teoria; o interesse pela libertação da coerção; interesse (prático) pela transformação do sistema social, interesse (teórico) pela *eletrificação da situação* que se constitui nas condições sob as quais vivemos.

É preciso conhecer as tendências e as possibilidades contidas no real para que o interesse da razão, que é a autoconservação da espécie, possa saber e agir.

Que conhecimentos precisamos conhecer e já podemos conhecer?

Habermas (1983) nos mostra que, pelo lado do estudo do indivíduo, mesmo em diferentes tradições teóricas, encontram-se muitas convergências que permitem identificar uma lógica do desenvolvimento elaborada "sobretudo por Piaget, mas (que) encontra certas correspondências nas outras tradições teóricas" (p. 53); entre outros autores citados, menciona G. H., um autor que, entre nós, no âmbito da psicologia social, é pouco divulgado, apesar de suas ideias serem bastante compatíveis com a orientação seguida neste trabalho.

Habermas ilustra essa lógica do desenvolvimento aproveitando, com modificações, estudos de Kohlberg (que se baseia em Piaget). Organiza, depois de muita elaboração, em base dialética e materialista, um quadro (que não cabe aqui reproduzir integralmente) mostrando diferentes estágios de desenvolvimento, focalizando principalmente "níveis de consciência moral", em número de sete, descritos pela "ideia de vida boa"; do primeiro, caracterizado por "maximizar o prazer/ evitar a dor através da obediência", evolui até o sexto (penúltimo), cuja "ideia de vida boa" é "liberdade moral", cuja esfera de validade refere-se a "todos os homens enquanto pessoas *privadas*" (grifo meu — ACC) e que, enquanto reconstrução filosófica, corresponderia a uma *ética formalista* (no esquema de Kohlberg, este é o nível mais elevado, significando "orientação segundo a consciência" ou "orientação no sentido de princípios éticos"). Habermas acrescenta um sétimo (e último) nível, que se define pela "liberdade moral *e política*" (grifo meu — ACC) como ideia de vida boa; para compreender esse acréscimo da liberdade política, cabe mencionar que no quinto nível essa ideia é "*liberdades civis*, beneficência pública" (grifo meu — ACC) e cuja esfera de validade contém "todos os associados jurídicos", enquanto o sétimo nível, "liberdade moral e política", tem como esfera de validade "*todos* enquanto membros de uma fictícia sociedade mundial" (grifo meu — ACC), ou seja: a humanidade inteira! Como "reconstrução filosófica", temos uma "ética universal da linguagem".

Esse esquema, que não é uma construção especulativo-metafísica, resulta do acúmulo de saber, cuja verdade proposicional é passível de verificação, empírica e analítica.

Esse esquema nos revela que o nível mais elevado de desenvolvimento da consciência moral significa a máxima valorização da liberdade (moral e política) e a máxima valorização da igualdade (toda a humanidade). Para que não subsista dúvida quanto a um possível uso meramente abstrato da expressão "todos enquanto membros de uma fictícia sociedade mundial", vale a pena transcrever a explicação que Habermas fornece:

> É somente a nível de uma ética universal da linguagem que se torna(m) objeto do discurso prático também a interpretação dos carecimentos, ou seja, o que *cada indi-*

víduo (grifo meu — ACC) crê que deva ser entendido e afirmado como seus "verdadeiros" interesses, esse nível não é diferenciado em Kohlberg do nível 6, embora haja entre eles uma diferença qualitativa: o princípio que justifica as normas não é mais o *princípio* monologicamente aplicável da capacidade de generalização das mesmas, mas o *procedimento* comunitariamente seguido para emprestar realização discursiva às pretensões de validade universal. (1983, p. 69)

Dois pequenos comentários antes de encerrar este capítulo: o primeiro refere-se a Severina. Nem os dados coletados, nem a análise feita nos permitem utilizar esse esquema para o caso dela; contudo, mesmo que de modo aproximado, poderíamos dizer que, no início da sua narrativa, seu nível de consciência mal podia ser classificado no nível 1 ("maximizar o prazer/ evitar a dor através da obediência"), porque nem sempre obedecia...; já no final, sua narrativa *sugere estar* bem próxima do nível 6 ("liberdade moral" para "todos os homens enquanto pessoas privadas"); no nível 1, teríamos um "hedonismo ingênuo" e, no 6, uma "ética formalista". A psicologia do desenvolvimento, pesquisando problemas desse tipo, pode trazer grandes contribuições para o estudo da identidade.

Segundo comentário: cabe lembrar que esses níveis de desenvolvimento da consciência moral referem-se a indivíduos. Assim, a observação empírica de pessoas agindo em conformidade com o descrito no último nível, especialmente quanto ao *procedimento* comunitariamente seguido, para justificar normas, pode ser dificultada por falta de condições adequadas; contudo, é sabido que há grupos, movimentos, partidos cujas propostas se aproximam do descrito nesse nível; talvez uma tentativa de institucionalizar esses procedimentos esteja sendo vivida em várias organizações, especialmente artísticas e educacionais; consideramos que, neste momento, a Pontifícia Universidade Católica de São Paulo está realizando essa tentativa. Lembrando o que diz Habermas, "sempre a título de ensaio", "*sem a certeza* totalitária".

Capítulo 14

NO QUAL SE BUSCAM ELEMENTOS NO DESENVOLVIMENTO DA SOCIEDADE PARA ENTENDER O INTERESSE DA RAZÃO

Estamos reunindo subsídios para discutir a questão da *identidade humana*.

Vimos no interesse pela autoconservação da espécie um princípio norteador da evolução social, da história. Entendemos que esse interesse, por não ser *naturalisticamente* determinado, em última análise, implica definições políticas, a respeito do que merece ser vivido sob as condições dadas. Entendemos ainda que, por ser a realidade uma possibilidade já realizada, e a possibilidade uma realidade potencial, nossa atividade prática deve servir ao interesse racional (e não à razão interesseira), conhecendo as tendências concretas perceptíveis no desenvolvimento onto e filogenético, de modo a buscar transformações das possibilidades concretas. Descobrimos que é razoável aceitar uma lógica do desenvolvimento individual na qual, a partir de uma busca de maximizar o prazer e rejeitar a dor através da obediência, evolui-se para uma busca de liberdade moral e política para toda a humanidade, caminhando de um hedonismo ingênuo para uma ética universalista da linguagem. Descobrimos também — e *isto é importante* — que o nível mais elevado de consciência moral pressupõe *não um conteúdo* normativo erigido em princípio, e *sim um procedimento* comunitário que permita interpretações universalizadas dos carecimentos.

Falta-nos conhecer o desenvolvimento filogenético, bem como os nexos que apresenta com o desenvolvimento ontogenético.

Habermas (1983, p. 82) demonstra que, "de acordo com as recentes pesquisas antropológicas e sociológicas, podemos percorrer de novo a relação de identidade do Eu e do grupo através de quatro estágios da evolução social". Por essa citação, já se percebe que nos oferece os dois conhecimentos de que necessitávamos. Sucintamente, estes são os estágios:

1) "Nas sociedades arcaicas, cuja estrutura é determinada por relações de parentesco, surgem imagens míticas do mundo." Nesse mundo mítico, não há uma clara delimitação entre o grupo social, seus membros e a natureza. Habermas confessa sua "tentação de comparar a identidade do indivíduo na sociedade arcaica com a identidade natural da criança, que Hegel chama de 'uma identidade imediata (...) do indivíduo com o seu gênero e com

o mundo em geral'". Nesse estágio, singular, particular e universal, não apresentam diferenças, sendo, em consequência, improvável a ocorrência de problemas de identidade (pp. 83-84).

2) "As primeiras civilizações dispõem — com o Estado, a monarquia ou a cidade — de uma organização política carente de justificação e que, por isso, é englobada nas interpretações religiosas e garantida através de rituais." Logo a seguir, explica Habermas: "Já que o campo de validade da religião e do culto, nesse estágio, coincide ainda de modo particularista com a respectiva comunidade, é possível uma identidade de grupo claramente delineada. A comunidade concreta pode ser distinguida, por um lado, enquanto ente particular, do universal da ordem cósmica; e, por outro lado, dos indivíduos singulares, sem que isso cause danos à unidade — formadora de identidade — de um mundo centrado no político. O exemplo clássico é a 'polis' grega" (pp. 83-84).

3) Este estágio, Habermas liga às grandes religiões mundiais, cujo exemplo mais desenvolvido seria o cristianismo. Com essas religiões, "uma pretensão de validade geral ou universalista é pela primeira vez apresentada". Nas sociedades organizadas desse modo, o "Eu pode conceber-se como um ser plenamente individualizado. Suportes do sistema religioso não são mais o Estado *ou a polis*, mas a comunidade dos crentes, à qual pertencem potencialmente todos os homens, dado que os mandamentos divinos são universais". Mostra que essas sociedades, na medida em que se tornam civilizações desenvolvidas, tornam-se sociedades classistas, criando-se conflitos inconci-

liáveis entre o sentido das religiões e os imperativos do Estado. "Essa a tarefa das ideologias; reequilibrar a dessemelhança estrutural entre a identidade coletiva ligada a um Estado concreto e as identidades do Eu produzidas numa comunidade universalista." Somente com a época moderna esses problemas tornam-se conscientes, já que antes funcionavam outros mecanismos de mediação (p. 84).

4) O último estágio é a era moderna, na qual "se torna inevitável a cisão entre uma identidade do Eu formada no interior de estruturas universalistas e a identidade coletiva atinente ao povo ou ao Estado". Nesse estágio, os mecanismos de mediação já existentes no anterior, bem como novos, tornam-se ineficazes (p. 85).

Antes, Habermas havia discutido a questão da identidade, de modo geral. Fala que, assim como uma pessoa, uma sociedade possui uma identidade. No caso individual, trata-se de "pessoas singulares que — na medida em que afirmam a própria identidade — podem dizer 'Eu' de si mesmas. Porque a produzem e a conservam, também elas têm uma identidade, uma identidade do Eu, que não lhes é meramente atribuída" (p. 78). Esquematicamente, essa identidade do Eu desenvolve-se a partir de "uma identidade constituída por papéis e mediatizada simbolicamente", por sua vez antecedida de uma identidade "natural" ("quando o menino aprende a estabelecer o limite entre seu corpo e o ambiente não ainda diferenciado em objetos físicos e sociais") (pp. 79-80).

Depois de apresentar os quatro estágios do desenvolvimento histórico, Habermas se pergunta qual seria "o sucedâneo de uma doutrina religiosa que integre em si a consciência normativa de toda uma população" (p. 91). Demonstra que buscar esse sucedâneo na forma de imagens do mundo, sob o ângulo do conteúdo, não pode ser o ponto de partida mais. Essa é a identidade convencional. Afirma: "Hoje, no máximo, podemos ver a identidade coletiva como algo enraizado nas condições formais sob as quais são produzidas e intercambiadas as projeções de identidade" (p. 91). Mostra também que, "no último século e meio, afirmaram-se duas figuras de identidade coletiva: não o Estado constitucional, mas a nação e o partido"; estes, como aquele, fracassaram em alocar a identidade da sociedade, como demonstra historicamente.

Depois de densas análises, conclui caracterizando provisoriamente "uma nova identidade *possível* em sociedades complexas, e que seja *compatível* com estruturas universalistas do Eu" (p. 98). Entre muitas afirmações que faz, destacamos:

a) "A identidade coletiva é hoje possível somente sob forma reflexiva, ou seja, no sentido de ser fundada na consciência de ter oportunidades iguais e gerais para tomar parte nos processos de comunicação, nos quais a formação da identidade tem lugar como processo contínuo de aprendizagem." Como *importante*, destacamos que esse processo contínuo de aprendizagem ocorre através de comunicações (sobre valores e normas) que se dão frequentemente em estado difuso (pp. 98-99).

b) "Para ser estável, essa identidade (i. é, uma nova para sociedades complexas, compatível com estruturas universalistas do eu — ACC) não tem mais necessidade de conteúdos fixos, embora possa ter necessidade, de tempos em tempos, de ter conteúdos." Como *importante*, destacamos que essa identidade pós-convencional baseia-se em sistemas de interpretação cujo "*status* (é) passível de revisão" (pp. 99-100).

c) A nova identidade não pode ser orientada pelos valores da tradição, mas tampouco pode se orientar de modo exclusivamente prospectivo. Como *importante*, destacamos que, para a participação igualitária e generalizada nos processos de aprendizagem criadores de normas e de valores, devem-se garantir estruturas comunicativas fluidificadas.

Finalizando, Habermas reconhece que falou de uma identidade *possível*, sem indicar os mecanismos empíricos que poderiam efetivar as transformações. Esclarece:

> O que desejo afirmar é somente o seguinte: se, em sociedades complexas, se formasse uma identidade coletiva, ela teria a forma de uma identidade não determinada previamente nos conteúdos e independente de organizações específicas, ou seja, de uma identidade própria da comunidade dos que formam discursiva e experimentalmente o seu saber relacionado à identidade através de projeções de identidade concorrentes entre si, isto é, na memória crítica da tradição ou estimuladas pela ciência, pela filosofia e pela arte. A estrutura temporal de uma memória orientada para o futuro permitiria, entrementes, formar estruturas universalistas do Eu, tomando partido por particulares tendências interpretativas; com efeito, cada posição pode concordar com as outras posições com que se defronta *no presente*, em torno precisamente de um partidarismo comum em favor de um universal a ser realizado no futuro (p. 103).

Capítulo 15

EM QUE SE FALA QUE UM MOVIMENTO PODE SER PROGRESSIVO E REGRESSIVO, DEPOIS DO QUE SE BUSCA OUTRO *MUNDO*

Havíamos nos defrontado com a questão da *identidade humana*. Constatamos que tínhamos necessidade de mais elementos para poder discutir essa questão, pois ela nos remetia ao desenvolvimento da própria espécie humana. Conseguimos que Habermas nos fornecesse aquilo de que carecíamos. Com isso, em grande parte, a questão já teve o que pedia. Se ser homem é devir homem, o que ocorre com o indivíduo e com a sociedade demonstra essa afirmativa, evidenciando uma lógica do desenvolvimento, não só a nível da ontogênese, como da filogênese, ao mesmo tempo que se evidencia um nexo entre esses dois desenvolvimentos, que são uma e a mesma coisa: o desenvolvimento do concreto.

A autoconservação da espécie é o interesse da razão. Sempre que o interesse da desrazão (que é a razão interesseira) prevalece, a autoconservação da espécie está ameaçada.

É esse o perigo que a adequada compreensão da questão da *identidade humana* pode nos ajudar a prevenir. Não ter uma identidade humana é não ser homem. Pois, como o singular materializa o universal na unidade do particular, quando o particular (que no nosso caso é a identidade de um indivíduo dado, como Severina) não concretiza essa *unidade, o universal permanece* abstrato, falso (que no nosso caso é a sociedade capitalista). Tudo porque prevalece o interesse da desrazão, a razão interesseira — que demonstra a irracionalidade substancial do mundo capitalista em que vivemos, um mundo que não merece ser vivido, pois ameaça a autoconservação da espécie, na medida em que *cada singular*, em vez de devir homem — como a metamorfose é inevitável —, devém não homem, inverte-se no seu contrário: em vez de proprietário das coisas, estas é que o têm como propriedade; em vez de fazer uso das coisas, estas é que o usam; em vez de trabalhar com suas ferramentas, com seus instrumentos, estes é que trabalham com o homem como ferramenta, instrumentalizando-o.

Mas este mesmo mundo que o nega, é um mundo produzido por ele; por mais paradoxal que possa parecer, nosso mundo — que é um mundo desumanizador — é um mundo humano, produzido pelo próprio homem, que assim se faz homem (como produtor do mundo humano), ao mesmo tempo que se faz não homem (como produto do mundo desumanizador). A contradição, enquanto não for superada, será sempre re-posta como *mau infinito*. O interesse da razão pede a negação da negação para que a superação se dê, rompendo a *má infinidade*, restabelecendo a verdadeira infinitude humana que decorre, a um tempo, de ser o homem um ser de possibilidades e, em outro, um ser concreto; por isso, concretizável. Um concreto que não é concretizável não é possível. Aí está a *invencibilidade da substância humana*, como produção histórica e material.

Mas alguém poderá nos perguntar: foi dito de Severina: "encontra vida: reconhecer o outro como humano e ser reconhecida como tal! (...) Identifica-se como humana. Identidade humana (...)" (final do Cap. 12, Livro II). Então?

Severina, mais uma vez, irá nos ajudar, explicando o que é *identidade humana*.

Quem é Severina? Que personagem a representa? Todas e nenhuma. Porque ela é o movimento de concretização de si, que empiricamente se deu pelas personagens; mas, concretamente, ela não é nenhuma personagem (embora seja todas); cada uma dessas é um momento do todo, do seu movimento, que é ela. Ela é sua metamorfose: começa quando é nascida, ou melhor, quando é concebida, gerada, e (pelo que sabemos) se completa com sua morte biológica, passando por um infindável processo de morte-e-vida, num movimento progressivo e regressivo ininterrupto entre aqueles dois extremos biológicos.

Historicamente falando, sua concretização reconstrói a lógica do desenvolvimento ontogenético. Evolui de um *hedonismo ingênuo* para uma *ética formalista*; de uma busca de prazer/evitamento da dor, evolui para uma liberdade moral válida para todos (enquanto indivíduos privados). Não estamos afirmando taxativamente que ela realizou de modo pleno tudo o que o modelo de Habermas descreve; estamos apontando para o sentido do movimento, a tendência observada. Reproduz também o nexo observado em relação ao desenvolvimento filogenético. Inicialmente, sua identidade está mais próxima de uma identidade *mítica*, sua consciência apenas sensível, uma identidade *imediata*, quase uma identidade *natural* de criança ("quando o menino aprende a estabelecer o limite entre seu corpo e o ambiente não ainda diferenciado em objetos físicos e sociais" — Habermas, 1983, p. 79). Evolui; sua consciência se desenvolve (descobre *o jogo de xadrez* da sociedade); sua atividade muda radicalmente de orientação e sentido; sua identidade cada vez mais se concretiza (não mais como *mesmice*, mas como mesmidade de pensar e ser).

Essa é a grandeza da Severina. Saiu do zero; peregrinou pelo mundo; voltou ao zero; peregrina pelo mundo.

Ela contém em si a possibilidade da infinitude do humano. Mas como o ator precisa de condições necessárias para representar com êxito, e assim se transformar, sempre criador, podemos conjecturar sobre seu futuro.

Se a análise que fizemos de Severina foi correta; se o referencial posteriormente oferecido por Habermas for adequado; se nossa avaliação de Severina, usando esse referencial, não tiver sido demais ligeiro e superficial, então ela ainda *pode* continuar *se aperfeiçoando* (como diz). O sentido todo de sua vida é esse movimento. Ela vem concretizando o *bicho-humano* desde que a acompanhamos. Seu ingresso numa organização religiosa criou as condições necessárias para chegar ao que chegou.

Mas nossa dúvida é se exatamente o que lhe permitiu atingir esse desenvolvimento tão grande, tão elevado (vamos lembrar do bicho do mato...), não se constitui hoje como uma limitação. Ninguém pode negar que o que ocorreu com Severina pode ser chamado de uma *metamorfose miraculosa*. A evidência é convincente.

Contudo, vendo o que Habermas mostrou como sendo a tendência da metamorfose, a condição necessária para novos avanços talvez seja a morte da personagem última que encarnou.

Com efeito, se aceitarmos mesmo que, em suas linhas gerais, a descrição da identidade *pós-convencional* como o desenvolvimento *possível*, dentro das modernas sociedades complexas, e *compatível* com estruturas universalistas do eu, veremos alguns pontos que justificam essa dúvida, em especial o seguinte: "ela teria a forma de uma identidade *não determinada previamente* nos seus conteúdos e *independente de organizações específicas*" (Habermas, 1983, p. 103). Claramente, ela é dependente da organização em que está inserida; obviamente, essa organização tem conteúdos previamente definidos (que constituem sua *política de identidade*). Seu *aperfeiçoamento* já está previsto no *script* da organização. Ainda que, a nível apenas individual, ela venha a atingir algo parecido com o descrito no sétimo nível da classificação de Habermas, mesmo que sua organização adote procedimentos *comunitários*, nos quais *cada indivíduo* interprete o que deseja afirmar como seus *verdadeiros* interesses, visando ao desenvolvimento de novas normas e valores (hipótese que nos parece altamente improvável de ocorrer), ainda assim seria necessário que o *comunitário* não fosse entendido apenas como a assembleia dos crentes, mas de todos os indivíduos (de uma fictícia sociedade mundial), buscando a liberdade moral *e política*. Isso seria o fim da organização. Seria preciso, então, que a personagem morresse e seu *mundo* desaparecesse. Obviamente, a *razão interesseira* que preside quase sempre (não será sempre?) uma organização orienta sua atuação no sentido da própria sobrevivência e da sobrevivência de seus membros (como personagens dadas).

Na origem, uma organização, como qualquer instituição, é sempre uma solução para um problema humano. À medida que se consolida, que se *institucionaliza*, deve garantir sua própria autoconservação. É o interesse da sua "razão". Se, historicamente, esse interesse não convergir com o interesse da razão humana, torna-se, para a humanidade, irracional.

As organizações e instituições também precisam sofrer suas metamorfoses, evidentemente, para preservar sua racionalidade (não a racionalidade da *desrazão*...).

Se nossa análise estiver correta, temos duas alternativas básicas: ou ela permanece na sua personagem atual (ainda que possa vir a ser uma intérprete perfeitíssima da mesma), o que, em relação à totalidade do social, não deixa de ser uma re-posição (essa nos parece a alternativa mais provável); ou, então, abandona a personagem, seja porque esta morre, seja porque a organização é que se transforma (morrendo como tal).

Mas — novamente damos a palavra ao leitor — alguém poderá dizer: perfeito, tudo certo, muito convincente; contudo, a história de Severina foi narrada de uma forma que ficou a imagem de alguém em constante busca do autodesenvolvimento, de um crescimento, de humanização... Como explicar isso?

Vejamos primeiro um detalhe que é importante. Todos sabemos a importância que o trabalho tem na nossa sociedade. Nossa inserção no mercado de trabalho quase sempre sela um destino, é um componente forte na configuração de uma identidade. Por que não refletir um pouco sobre a condição de trabalho da Severina-manicure?

Qual o significado disso para ela? Quando concretiza esse projeto, diz que sempre sonhou *não ser escravo de ninguém*; por isso, buscou uma atividade profissional que lhe permitisse ser *trabalhador autônomo*; ora, todos nós sabemos que o movimento do capitalismo é no sentido de uma proletarização de todos que vivem da sua força de trabalho (Severino ouve de um coveiro uma observação exemplar: "os de profissões liberais/ que não se liberaram jamais" — p. 136); é uma tendência praticamente universal dentro do sistema capitalista. Então, existem os sobreviventes, que ainda não vivem do trabalho assalariado, tanto como existem aqueles que insistem em recuperar *saudosamente* uma época. De qualquer forma, mesmo sendo possível que sempre haja *sobreviventes*, essa é a tendência. Então, na verdade, o movimento de Severina ao buscar uma identidade profissional pode ser classificado de *regressivo* (do ponto de vista da sociedade capitalista).

Vimos, por outro lado, que o modelo de identidade apoiado nas *grandes religiões mundiais* (3º estágio — Habermas, p. 84) tem como suporte a comunidade dos crentes, à qual pertencem potencialmente todos os homens; nesse modelo histórico, o "eu pode conceber-se como um ser plenamente individualizado". Vimos que a dissociação entre a comunidade dos crentes e o Estado cria problemas de identidade que são resolvidos pela ideologia, não se tornando conscientes por uma série de *mecanismos de mediação*. Vimos também que isso se transforma com o ingresso na era moderna e que os *mecanismos de mediação* tornam-se menos eficazes, aumentando a consciência dos problemas de identidade. Disso tudo podemos retirar a conclusão de que a alternativa encarnada por Severina, tornando-se membro de uma organização religiosa universal, pode ser classificada do mesmo modo como *regressiva* (do ponto de vista do atual estágio de desenvolvimento histórico).

A propósito, Habermas menciona especificamente "uma série de subculturas" que difundem formas regressivas de consciência religiosa (exemplifica com zen-budismo, meditação transcendental, Jesus People, inclusive terapias pseudocientíficas etc.), para falar de alternativas atualmente existentes, se não se concretizar uma identidade *pós-convencional* (1983, pp. 90-91).

Então, o movimento que, individualmente, podemos chamar de *progressivo* em Severina, historicamente se revela *regressivo*; mais uma vez, inversão no contrário. Essa é a contradição atual de Severina, a nosso ver. A um só tempo, progressivo e regressivo, o movimento da metamorfose futura de Severina pode ser uma superação ou uma re-posição.

Desse modo, acreditamos ter resolvido a dúvida que imaginamos o leitor nos colocou. Na verdade, na medida em que Severina se descobriu num mundo desumanizador, no qual só poderia ser escrava, pelas determinações que a definiam, ingressa num *mundo* (que não é loucura, porque é socialmente compartilhado), mas que é historicamente uma regressão. Talvez alguns prefiram dizer que isso é uma alienação da alienação. Uma dialética negativa, em que a superação da alienação no mundo capitalista se deu por uma alienação no mundo da sua organização religiosa, uma alternativa historicamente superada, mas que permitiu a alienação da alienação, como negação da negação.

Essa a grande lição que podemos aprender com Severina. Se o interesse da razão é a autoconservação da espécie, e se esta não se traduz imediatamente como simples reprodução da vida, precisando ser interpretado o que merece ser vivido, Severina nos ensina (negativamente) que há vários mundos que não merecem ser vividos: o mundo animal da sua infância, o mundo mítico do seu Exu, o mundo alucinado da sua loucura e o mundo desumano da sua escravidão, que outro não é senão o nosso mundo capitalista.

Ela nos dá essa lição: um mundo que não merece ser vivido deve ser recusado, negado.

Certamente, ela teria preferido um mundo (e será

que ainda não virá a preferir?) no qual seu movimento não precisasse ser historicamente regressivo, mas sim progressivo.

Onde está esse mundo?

Um mundo em que o interesse da razão, numa progressiva execução revolucionário-crítica, sempre a título de ensaio, sem certeza totalitária, progressivamente realize as grandes ilusões da humanidade, nas quais os motivos recalcados estão burilados em fantasias de esperança! (Ver Habermas, 1982, p. 301.)

Capítulo 16

EM QUE A EXPRESSÃO *MORTE-E-VIDA* É SUBSTITUÍDA POR OUTRA MAIS COMPLETA E SE ENCERRA ESTE TRABALHO

Aprendemos muito com Severina. Ela nos ensinou coisas que anos de leitura não haviam deixado claro. Ela nos mostrou o que é um indivíduo, que na nossa sociedade vive como bicho-acuado, querendo ser bicho-humano. Mostrou nossa sociedade, em que o homem vive como um Prometeu moderno que, depois de ter roubado o fogo dos céus, sofre a condenação de ser devorado diariamente pela ave da rapinagem, sem morrer; diariamente, sua vida, sua força de trabalho é reproduzida, para alimentar a águia que o consome impiedosamente; mostrou-nos também que o segredo dessa condenação é o de não nos deixar morrer, para continuarmos sendo mastigados vivos. Mor-

reu. Morrendo, viveu. Encontrou seu esconderijo. Morte-
-e-vida!
 Alguns preferem continuar vivos na sua *mesmice*, para servir de pasto à rapina. Outros encontraram seus esconderijos onde as águias não os alcançam. Mas há aqueles que acham que uma vida que merece ser vivida não é nem a da carniça, nem a da caça que se esconde. Querem deixar de estar acorrentados, libertar-se dos grilhões, da opressão; querem matar a águia no seu desespero, acabar com a rapinagem. Talvez nem mesmo matá-la precisariam; bastaria inverter a prisão, acorrentar a ave e colocá-la a serviço do homem. Já roubamos o fogo dos deuses; por que não lhes roubar a águia?
 Essas imagens todas nos ocorreram a propósito da pergunta com que encerramos o capítulo anterior. Onde está esse mundo que nos permita ser humanos, no qual as condições necessárias para a incessante concretização da identidade humana existam?
 Infelizmente, talvez Severina não tenha chegado ao ponto de nos responder, ou talvez não lhe tenhamos perguntado. De qualquer forma, falta-nos a resposta.
 Talvez não seja só Severina e nós aqui que não saibamos a resposta. Todo mundo (literalmente) ainda não encontrou esse *mundo*. Talvez ele seja uma utopia definitiva, talvez uma utopia por enquanto, realizável a que prazo não sabemos. Sabemos que tudo muda. O que podemos fazer é como Severino: "Sim, o melhor é apressar/ o fim desta ladainha (...) é chegar logo ao Recife" (p. 133). Lá chegando, poderemos encontrar apenas cemitérios nos esperando e, subitamente, descobrir vida.

Precisamos inventar nosso futuro. Hoje, vemos de um lado o *mundo* capitalista; de outro, o *mundo* não capitalista. Sem afirmar que sejam a mesma coisa, em termos do indivíduo talvez nenhum ainda tenha encontrado a resposta. Habermas comenta que, "enquanto a sociedade conservar estruturas classistas, a organização estatal não pode deixar de privilegiar interesses parciais em relação aos gerais". Isso porque o político permanece dependente do econômico. Mesmo nos países capitalistas mais avançados, isso parece ocorrer. Mas não só no mundo capitalista. "O mesmo vale para os Estados do socialismo burocrático, nos quais o poder de dispor dos meios de produção se encontra em mãos de uma elite." (1983, p. 92).

Como não dispomos de informações fidedignas sobre o problema da identidade no mundo não capitalista, abstemo-nos de fazer considerações a respeito. Falamos do nosso mundo capitalista, pois afinal é nele que vivemos. Contudo, há indícios de que não seja um problema só dele. O próprio título do trabalho de Habermas denuncia isso; fala em *sociedades complexas* (e não só capitalistas). Aponta o fato (observável no nosso meio) de que mesmo os partidos revolucionários têm fracassado nesse ponto (discute o Partido Comunista internacional) (1983, p. 94).

Fique claro que, ao criticar o capitalismo (e, como está, continuaremos criticando), não significa afirmar que fora do capitalismo o problema esteja resolvido; não sabemos. Talvez pesquisas interculturais sobre a questão da identidade no mundo capitalista e não capitalista pudessem retirar dessa discussão seu caráter partidário e nos apontar caminhos insuspeitados.

De qualquer forma, sempre há esboços, tentativas, ensaios... e talvez esta seja a resposta: abandonar a certeza totalitária do dogma da resposta *certa* e arriscar juntos (talvez isto tenhamos esquecido de comentar em relação a Severina: ela procurou sua saída praticamente sozinha).

Arriscando juntos: Giannotti (1983), por exemplo, fala do "sistema que o capital soube articular e não sabe mais gerir" (p. 373); poderíamos, então, dizer que há uma necessidade do capital: ele precisa de quem o dirija. Talvez nós, por medo, tenhamos deixado solta nossa própria criação, que hoje nos devora. No entanto, como diz aquele autor, "o próprio trabalho como pilotagem conduz ao controle da unidade produtiva por seus trabalhadores diretos" (p. 369); explica mais adiante: "E o que está à mão para reorganizar radicalmente a sociedade contemporânea, não a partir de..., mas levando a cabo os impulsos desencadeados pelas forças produtivas mais sofisticadas de hoje, é o próprio trabalho como vigilância e capacidade de integrar (...) O que importa é gerir a própria alienação" (p. 370). Estranho, isso lembra Severina dizer "tornei-me escrava de mim mesmo"! Talvez ela saiba mais coisas que pensamos...

Giannotti praticamente termina o capítulo de onde retiramos as citações acima, que é o capítulo que encerra o livro *Trabalho e reflexão*, fazendo um comentário que a um tempo é uma crítica, um elogio e um alerta. Fala "de todos os movimentos que se articulam à margem do Estado, cimentando minorias, marginais, até mesmo carregando para as ruas massas que protestam contra a necrofilia dos projetos militares. Trazem de novo a recusa das formas políticas tradicionais, a denúncia dos partidos que pretendem definir o bem social. Mas ainda se ancoram numa concepção narcisista ou jurídica do indivíduo, *sem levarem em conta o princípio que o individualiza nas condições do capitalismo atuar*" (grifo meu — ACC) (p. 374). A crítica está clara no texto: é preciso levar em conta as condições do capitalismo atual; o elogio (que não está totalmente transcrito) é que constitui tentativas, novidades, possibilidades de transformações parciais e, como tais, válidas; o alerta: é fazer o que falta fazer, entender como o indivíduo se individualiza nas nossas condições presentes. De nossa parte, entendemos que a psicologia social pode e deve contribuir nesse sentido, independente de partidarismos pessoais.

Estudar a identidade talvez seja parte dessa tarefa. Tarefa que nos é proposta pela espécie humana, cujo interesse é sua autoconservação. Tarefa que nos é proposta pelo capital, que está virando barbárie, por não saber mais gerir o sistema que criou. Tarefa que nos é proposta pelo trabalho, que precisa metamorfosear o trabalhador no seu contrário, de dirigido a dirigente, para realizar a *pilotagem*, a *vigilância*, a *integração* etc. Tarefa que nos é proposta pela razão teórica, que quer clarificar a situação em que as patologias se encarnam nos indivíduos e nas instituições. Tarefa que nos é proposta pela razão prática, que quer transformar nossas condições conforme o que for interpretado merecedor de ser vivido. Tarefa que nos é proposta por Severina, por Severino, por nós todos, que queremos ter uma identidade humana sempre se concretizando.

Entendemos que Habermas nos deu uma indicação preciosa: "cada posição pode concordar com as outras posições com que se defronta no *presente*, em torno precisamente de um partidarismo comum em favor de um universal a ser realizado no *futuro*" (1983, p. 103).

Quem se arvorar em verdade estará invertendo-se no contrário: mente. Só a ampla discussão e reflexão sobre o que merece ser vivido nos levará a formular projetos de identidade, cujos conteúdos não estejam prévia e autoritariamente definidos. Identidades que se definam pela aprendizagem de novos valores, novas normas, produzidas no próprio processo em que a identidade está sendo produzida, como mesmidade de aprender (pensar) e ser (agir). Identidades que tenham o suporte de comunidades em que todos tenham as mesmas oportunidades de — cada indivíduo — afirmar seu interesse para uma interpretação universalista, com comunicações fluidificadas, que outra coisa não são senão a velha democracia (que pensamos conhecer, embora de fato quase sempre só conheçamos contrafações dela).

Assim como, para saber quem alguém é, precisamos perguntar a ele, precisamos nos perguntar quem somos. Principalmente quem queremos ser, tendo em vista quem somos hoje e quem fomos ontem. Essa pergunta, sem uma resposta prévia, pode nos assustar. Talvez seja o que Heidegger nos fala: ao nos afastarmos da representação do homem como animal racional, esse afastamento é um salto. Um salto que salta — num abismo, enquanto não nos abandonamos. Se nos abandonamos (morte?) o ser, que só junto a nós pode ser, pode, então, *presentar-se* (vida!) (1979, p. 183).

Isso é metamorfose. Lembremos que vimos a categoria atividade originariamente como *presentificar-se* e invertida como *representar*, gerando o mecanismo do *mau infinito*.

Se identidade é identidade de pensar e ser, a resposta que buscamos é uma resposta sempre vazia, como um salto, pois é metamorfose. O conteúdo que surgirá dessa metamorfose deve subordinar-se ao interesse da razão e decorrer da interpretação que façamos do que merece ser vivido. Isso é busca de significado, é invenção de sentido. É autoprodução do homem. É vida.

Isso pode responder o que é *identidade humana*.

Como diria Severina, descobrir que "o maior tesouro do mundo é uma vida!".

Como ouviu Severino sobre a vida "em nova flor explodida":

— De sua formosura
Deixai-me que diga
É tão belo como um sim
numa sala negativa (...)
— Belo porque é uma porta
abrindo-se em mais saídas (...)
— Belo como a coisa nova
na prateleira até então vazia.
— Como qualquer coisa
nova inaugurando o seu dia.
— Ou como o caderno novo
quando a gente o principia, (pp. 156-157)

Vida...
Morte-e-vida...

Sim, só há morte porque há vida antes...
Então: *vida-morte-e-vida*, a morte mesma é um momento da vida; a morte é o outro da vida; o outro *outro* é vida!

Resumo

IDENTIDADE — UM ESTUDO DE PSICOLOGIA SOCIAL SOBRE A ESTÓRIA DE SEVERINO E A HISTÓRIA DE SEVERINA

Uma pesquisa sobre a questão da identidade, em que, depois de um estudo de caso, junto com a análise de uma personagem literária, é desenvolvida uma longa reflexão teórica sobre o tema.

Identidade é definida como uma categoria científica, ao lado de *atividade* e *consciência*, central para a psicologia social. É considerada como um processo, ao qual o autor dá o nome de *metamorfose*, que descreve a constituição de uma identidade, que representa a pessoa e a engendra.

A abordagem dialética da categoria permite levantar relações de aspectos individuais com aspectos sociais, políticos, econômicos, históricos etc. Há o esforço de mostrar o indivíduo como conjunto das relações sociais dentro da História.

Identidade, além de questão científica, é vista como questão política.

Bibliografia citada

BOSI, E. *Memória e sociedade:* lembranças de velhos. São Paulo: T. A. Queiroz, 1979.
BUSTOS, D. M. *O psicodrama.* São Paulo: Summus Editorial, 1982.
CARONE, I. A dialética marxista: uma leitura epistemológica. *In*: LANE, S. T. M. (Ed.). *Psicologia social:* o homem em movimento. São Paulo: Brasiliense, 1984.
CHEPTULIN, A. *A dialética materialista:* categorias e leis da dialética. São Paulo: Alfa--Ômega, 1982.
CIAMPA, A. C. *A identidade social e suas relações com a ideologia.* Dissertação de mestrado — PUC-SP. São Paulo, 1977.
FAUSTO, R. *Marx:* lógica e política. São Paulo: Brasiliense, 1983, t. 1.
GARAUDY, R. *Para conhecer o pensamento de Hegel.* Porto Alegre: L&PM, 1983.
GIANNOTTI, J. A. *Trabalho e reflexão.* São Paulo: Brasiliense, 1983.
HABERMAS, J. *Conhecimento e interesse.* Rio de Janeiro: Zahar Ed., 1982.
_____. *Para a reconstrução do materialismo histórico.* São Paulo: Brasiliense, 1983.
HEGEL, G. W. F. Introdução à história da filosofia. *In:* HEGEL. *Os pensadores.* São Paulo: Abril Cultural, 1980.
HEIDEGGER, M. Identidade e diferença. *In:* HEIDEGGER. *Os pensadores.* São Paulo: Abril Cultural, 1979.
HELLER, A. *O quotidiano e a História.* Paz e Terra. Rio de Janeiro, 1972.
KNOLL, V. *Paciente arlequinada.* São Paulo: Hucitec, 1983.
MEAD, G. H. *Espíritu, persona y sociedad.* 3. ed. Buenos Aires: Paidós, 1972.
MELO NETO, J. C. de. Morte e vida Severina. *Poemas escolhidos.* 3. ed. Lisboa: Portugália, 1963.
STANISLAVSKI, C. *A construção da personagem.* 3. ed. Rio de Janeiro: Civilização Brasileira, 1983.
_____. *Preparação do ator.* Rio de Janeiro: Civilização Brasileira, 1964.
ZONABEND, F. Pourquoi nommer. *In :* LÉVI-STRAUSS, C. *L'identité* (Séminaire interdisciplinaire, 1974-1975). Paris: Bernard Grasset, 1977.

Sobre o autor

Consegui chegar até a idade de vinte e poucos anos alimentando uma certeza que era compartilhada por todos ao meu redor: a certeza de que eu me tornaria um advogado. Tanto era assim que eu estudava direito no Largo de São Francisco (USP), trabalhava desde os treze anos no escritório de um dos maiores advogados de São Paulo, só me vestia de terno e gravata, pensava de "terno e gravata", agia de "terno e gravata"... tudo a rigor, como convinha a um futuro causídico. A aparência era perfeita. Eu era o Antoninho.

Eu era o Antoninho, mas também era o Ciampa, que não queria ser advogado e não gostava de terno e gravata.

Consegui não me formar em Direito (parei no fim do último ano do curso); o Antoninho foi se tornando uma figura do passado. Comecei a estudar psicologia na PUC-SP; deixei de lado o terno-e-gravata; fiquei sem trabalhar alguns anos (obrigado, Papai); tornei-me um militante político; fui Presidente do DCE (quando criei o Departamento Teatral dos Estudantes da PUC, que graças a muitos companheiros veio a se tornar o Tuca); esse período da minha vida começou em 1963 e terminou em 1968, quando me formei em psicologia, e a repressão política tornava-se cada vez mais violenta.

Em 1969 eu titubeava; havia começado a trabalhar em alguns projetos educacionais, bem como me tornara professor universitário. Buscava uma alternativa que me permitisse um engajamento que, ao mesmo tempo, tivesse sentido profissional e político. Vislumbrei isso no campo da psicologia social, seja como atividade prática, seja como atividade teórica. Magistério, pesquisa, prestação de serviços de assessoria e de consultoria surgiram como possibilidades de atuação. Desde essa época, é o que venho fazendo: perseguindo uma maneira de fazer psicologia social com a responsabilidade e a eficiência exigível de um profissional e com a paixão e o comprometimento esperado de um militante.

Tornei-me mestre em psicologia social, em 1977, com uma dissertação intitulada *A identidade social e suas relações com a ideologia*. Em 1986 tornei-me doutor em psicologia social, com a tese que se constitui neste livro, também sobre o mesmo tema. Meu foco de investigação e reflexão tem sido sempre a relação indivíduo-sociedade (daí o interesse em estudar identidade). O alvo prático é contribuir para a transformação tanto do indivíduo como da sociedade.

Hoje não alimento mais certezas. Aliás, tenho a certeza de que não há um caminho único. O mundo não é feito apenas de coisas ou certas ou erradas. Há mil caminhos. Há vida polimorfa sempre se metamorfoseando.

Hoje há a surpresa do futuro. É pensando assim que vivo hoje, numa busca infindável da identidade da atividade e da consciência.